OLDPHOTOS

老照片

主编 冯克力

山东画报出版社

济南

图书在版编目（CIP）数据

老照片. 第147辑/冯克力主编 .— 济南：山东画报
出版社，2023.2
ISBN 978-7-5474-4525-9

Ⅰ.①老… Ⅱ.①冯… Ⅲ.①世界史-史料 ②中国历
史-现代史-史料 Ⅳ.①K106②K260.6

中国国家版本馆CIP数据核字(2023)第132318号

LAOZHAOPIAN DI 147 JI
老照片. 第147辑
冯克力 主编

责任编辑 赵祥斌
特邀编辑 丁　东　邵　建
装帧设计 王　芳
特邀审校 王者玉

主管单位 山东出版传媒股份有限公司
出版发行 山东画报出版社
　　　　社　　址　济南市市中区舜耕路517号　邮编 250003
　　　　电　　话　总编室（0531）82098472
　　　　　　　　　市场部（0531）82098479
　　　　网　　址　http://www.hbcbs.com.cn
　　　　电子信箱　hbcb@sdpress.com.cn
印　　刷 山东临沂新华印刷物流集团有限责任公司
规　　格 140毫米×203毫米　32开
　　　　　6印张　148幅图　120千字
版　　次 2023年2月第1版
印　　次 2023年2月第1次印刷
书　　号 ISBN 978-7-5474-4525-9
定　　价 25.00元

一份百年家谱

——我的家族故事

田　野

我的老家位于黄河岸边的山东省济南市济阳区王荣村。2019年9月，我前往遥墙机场时于家中小坐。在拜访族中一年近九旬的"恩"字辈爷爷田恩起老人时，在其家中见到田氏家谱及世系图一份。

物有本末，事有终始。本着追根溯源的想法，我开始整理这份家谱，将旧本影印下来，将原谱移交济南市档案馆永久保存。把整个家谱通序，反复理顺，逐步对整个家族有了具体的、更多的了解。据家谱记载，我们田氏先民们从明洪武二年（1369）便择居济水之滨、黄河岸边，在这里生活繁衍至今已有六百多年历史了。

一、田氏家谱

我看到的这份田氏家谱，成书于民国二十八年（1939）仲冬月，由洄河石卿印务局印制，共210页。其谱首页：五世同堂。共分为三个部分：通序、系序、谱系表（分为总支、二支）。

1

图1 田氏家乘封面　　　　图2 田氏家谱内文

通序记叙了始祖太公，自明洪武二年由冀州枣强县城南，择居山左（即山东省）济南府邑河北济水之滨（济阳）。始祖长兄名"佩"，二弟名为"翁"。遂以姓为村名，谓曰"田家庄"。翁祖迁至济邑城西王荣村，从此在这片土地上繁衍生息。后代有能文的，有能武的，乐善好施，著书立说，虽无科第之人，但也知书达礼，称得上诗书门第。后逢兵荒之时，烽火频起，谱牒文本遗失较多。

始祖及先辈期间，有些断序，至续谱时的民国二十八年，已有五百余年历史。后族叔振海、服叔景芳等人说，水有源才能长流，木有本才能叶茂，人无本怎么代代相传呢？活着的后人怎么才能不忘祖宗呢，于是倡议续修。所幸族内有迁居张仙寨的后人尚有谱根可查，并且族中有叫万祥的愿意出资，族内能干事的都愿意为此出力，这样在丙寅年（1926）农历十月开

2

图3 高祖父　　　　图4 曾祖父

始细心研考谱根，广泛搜集，远承古人，遵照先辈们所修编的谱本，秉承原有格式进行续编修谱，经采访、征名、造册、梳理分支派别，绘制世系图，按次理清谱本，并形成稿，但因经费支绌没能及时刊印。后由族众商议，出售庄东坟地内的百余株柏树，得九百余元，置祭田，修碑，继谱，众人不辞辛苦、任劳任怨。终于民国二十八年家谱得以刊印。

　　从无谱到有了家谱，一看便知谁与谁是同支，谁与谁是远派旁系，由此，虽后人繁衍兴旺，自上而追溯均能查对，从前如果不知道始祖一人可以不敬重，但从今往后凡是本族的无论是工、农、士、商，都务必期望不忘木本水源，家族和睦为善。这次修谱还续修了辈行十六字：迺修其德，嗣续克昌，继述惟善，延寿增光。我父亲这一辈为"修"字辈，父亲兄弟四人依次为田修文、田修武、田修圣、田修贤。

3

二、奶奶和爷爷的故事

我奶奶叫李万英，生于1907年，也就是清光绪三十三年。奶奶的娘家在济南市济阳区葛家村，是我们王荣村的邻村。对于奶奶我没有记忆，后来听妈给我讲奶奶的故事，用妈的话来说，"你奶奶就是一个传奇"。

爷爷家只有兄弟两人，世代为农，家境贫寒。奶奶嫁过去后，家徒四壁，连床被子都没有，奶奶一生共养育了四个儿子和两个女儿。为了生活，地里的活操劳完后，和爷爷起早贪黑地干起了豆腐坊。挑选、煮豆、磨豆、煮浆。晚上都是干到十一二点，早上爷爷再起来挑着豆腐，敲着梆子，挨家串户地去卖。

奶奶生二儿子的时候，正好是赶着煮浆的时候，实在坚持不住了，自己到灶屋里的灶台前生下了孩子，用牙齿咬断脐带，找了个破麻袋片子包了包孩子，接着去烧火。爷爷找不到人急了，问："急等着用火呢，干啥去了？"奶奶说是去生孩子了。爷爷生气地骂道："早不生，晚不生，急着用火了这个时候生。"奶奶不答，只是继续烧火……生活的困苦，生存的艰难，让人绝望到一切都为了先活下去，爷爷的责骂，奶奶理解。

到奶奶生小女儿，也就是我小姑的时候，奶奶正在秋收，觉得要生了，自己在场院的一个谷堆旁边生下了孩子。接着，找了点软和的细草包了孩子，放在谷堆上，又赶回家，烧火做饭。等爷爷下地回来了，奶奶给爷爷打好洗脸水，才跟爷爷说："你洗完脸后，先别吃饭。"爷爷问为啥，奶奶告诉他："孩子生了，在场院的谷堆边上，你先去抱回孩子来。"

图 5 奶奶和她的两个女儿及外甥们。约摄于 20 世纪 70 年代。

奶奶的这六个孩子都是劳作中出，奶奶没有休息过一天，生产后只忌三天的凉水。三天后一大家子的洗涮，照样干。为了节省柴火，一辈子喝凉水，从不浪费一粒粮食。

爷爷的家在村的道口边上，但凡有过路的都能上家里来歇个脚、喝口水，有要饭的，奶奶也是拿出家里仅有的一点吃的，尽量来让人家吃个饱饭。村里谁家有个头疼脑热的，奶奶会用土法给人家扎个针，放点血就好了。奶奶性格温和，没有脾气，从来是逆来顺受，没有丝毫的抱怨，没人见她发过火。村里的人都叫奶奶"好妈"。直到后来，她又为六个子女帮助照看孩子，奶奶就是为了照看我得了病。

1971年，我爸爸在淄博工作，而我还不到一岁。晚饭后奶奶抱起我说："咱出去玩了，让你妈吃饭。"妈吃完后去找我们，看到奶奶坐在邻居家的鸡窝上，叫她，已经不能回答了，但抱着我的手始终没有松开。正好邻居家有来探亲的是位军医，诊断后确认奶奶是得了脑出血。后被大爷们接回济南治疗，并由二大爷照顾，直到甲寅年腊月初五（1975年1月16日）去世，享年六十八岁。

爷爷名田恩和，上面有个大哥。爷爷是个大高个，结实的身板，不光会种田、做豆腐，还会泥瓦和木工活，十里八乡的，谁家盖个房子，只要能抽出身，就一定去帮忙。到了吃饭的点，别人都急着收工了，爷爷则先围着房子仔细看，看看哪里还有什么纰漏，这些活他都只是帮忙，从不在人家吃饭。爷爷脾气大，但耿直，看见村里谁家的小孩子淘气做了什么不合规矩的事，他不怕得罪人，都要教训一顿，教育孩子们要守规矩。由于他的正直、担当，在村里威信高，家族中有个什么事，他都是主心骨。逢年过节的时候，家里放焰火，整个家族的人都是集合在爷爷家门口，由爷爷领着放。

无论怎样辛苦劳作，总也不能满足温饱。在姑姑的记忆中，炕上从来没有褥子，也没有枕头，铺的是麻袋片子，盖的是小半被子。因烧火做豆腐所以炕总是热的，全家六口挤在炕上取暖。在三年困难时期，地里的庄稼不等成熟了就薅下来吃了。那年9月里的一场大雨，淹了庄稼，接下来几乎就没什么可吃的了。有一点东西也是让孩子们吃，爷爷吃做醋剩下的醋糠和花生皮，吃了就不能排便，用铁丝弯成钩子往外抠，每次都疼得叫唤，痛苦不堪。爷爷终于在饥饿和病痛中离世，那是1962年，姐姐出生的那年，但爷爷没能见到她。

爷爷和奶奶的一生受了太多的苦，遭了太多的罪，但面对艰难的生活，却没有抛弃过做人的尊严，日子再穷，也不昧着良心争贪。小姑姑，要是看着别人家吃得好，多看人家两眼，也会被斥责。爷爷和大爷爷若在正屋坐着，儿子们回家一定在一边站着，毕恭毕敬地给长辈们点烟倒水；儿媳妇回娘家也要到正屋里给长辈们磕头禀告。他们就是要让孩子们懂得长幼尊卑的礼仪。另外，他们坚持让孩子们读书，供四个儿子和两个女儿上学。后来大爷从学徒干到了掌柜，有了自己的门店；二大爷就职于济南锻压厂；三大爷就职于省肿瘤医院；爸爸在哥四个当中年龄最小，读的书也最多，毕业于山东机械工业学院，成为一名工程师。弟兄四个没愧对爷爷给儿子们取名于"文、武、圣、贤"的期望，两位姑姑也都在济南安了家。

三、大爷和大妈的故事

大爷叫田修文，是家中长子，出生于1926年。他上了几年私塾，后为了家里有个出路，就跟着同村里在济南做买卖的一位长辈去做学徒。大爷肯吃苦，头脑聪明，又用心学习，很快就当上了店里的会计。后来，大爷娶了大妈，大妈娘家是大户人家，通过大妈娘家的帮衬，还有大爷爷给出了钱（大爷爷年轻时"闯关东"挣下的），并和一个表兄共同出资，在济南市馆驿街的中心地段开了家做糕点的店铺，叫"文华鑫"。接着，大爷接了家里的二弟出来，兄弟们一起经营，由于多年学徒的经验，加上自己的踏实肯干，没有多久，生意就红火起来。后来又接了四弟（我的父亲）去济南上学。生意没有做几年就迎来了公私合营，大爷被分配到济南市新市场做会计。风平浪静的日子，随着"文革"的到来终结了，因大爷当过掌柜的，被定性小业主，在"文革"时被扣上了"资本家"的帽子，经受了长达数年的批判和折磨。"文革"结束后，才重返工作岗位，直到退休。

大爷从十几岁出去学徒，每次从济南回家，骑的自行车上

图6 大爷

图7 大妈

图8　年轻时的大姑田修芝　　图9　大姑田修芝和她的女儿

总也挂着各种东西，有给父母的，有给弟弟妹妹的。直到结婚后，回家的第一站也永远是父母家。他总是先到父母面前来问安，好的东西先送给父母，再是弟弟妹妹，然后才回自己的小家。直到后来，大爷也有了五个子女，还坚持这么做。等他回到自己家，好的东西基本上也就分得差不多了，大妈为此不知和大爷吵过多少架。在那个物资匮乏的年代，身为一位母亲，为了孩子能多吃上几口，大妈做得也没有错，这是一个母亲的本能。大妈出身大户人家，从小没受过苦，嫁给大爷后，生了四个儿子一个女儿，一个人带着五个孩子在家里支撑着，生活的重担使大妈容易发脾气，这也正是她的苦处和难处。现在想起来，大妈和大爷吵吵闹闹一辈子，也实属不易。

　　大爷算得上旧时代长子的典范。他以长子身份承担起家族的重任，一生恭敬、孝敬父母；他以大哥的身份，对弟弟妹妹爱护有加。挣了钱，买的第一双皮鞋、第一块表都是送给了上学的四弟（我爸爸），他说，要让上学的弟弟体体面面的。两个妹妹的嫁妆，穿的衣服、铺的褥子、盖的被子、脸盆、桌子上的摆件，事无巨细，全都准备好，让两个妹妹开心出嫁。当他在济南立住脚后，十里八乡的乡亲们去了济南都奔到他那里落落脚，吃顿饭。要知道，那个时候，他每个月只有二十七斤粮票，去几个乡亲吃上几顿饭，他这个月就得饿肚子了。姑姑们回忆说，哥哥这一辈子就是奔波，挣钱，为了老的，为了弟弟妹妹们，为了孩子们，但从来没有为了他自己。在她们的记忆中，从来没有见到过大哥坐下来好好地吃顿饭，走到哪里都是摸棵大葱，找个萝卜，随便就是一顿。退了休后也还在外面打工，为孩子们多挣点钱，娶妻生子。

四、二大爷和二妈的故事

二大爷田修武，小的时候也上了几年学，早年就跟着大哥去了济南，在点心铺子里打工。公私合营后，他被分配到济南重型机械厂工作。二大爷娶过两个妻子。第一个二妈一直在家里跟着爷爷奶奶生活，和二大爷生了一个儿子。1960年，生活最困难的时候，二妈实在坚持不下去，为了活命带着儿子改嫁给济南柳埠一个家境好点的人家，二大爷变成了孤身一人。后来，他在济南天桥馆驿街苏家大院里住的时候，认识了现在的二妈。二妈高中毕业，在当时算得上有文化的人。她是离异的，带着一个儿子，在交往中看中了二大爷的忠厚老实，执意嫁给了二大爷。后来又生了一儿一女，一家五口过得很幸福。

二大爷生性忠厚，更是心灵手巧，会做很多花样的饭，甚至会做豆腐乳和臭豆腐。1971年，奶奶在淄博生病后，为了让奶奶有更好的医疗条件，大爷们把奶奶接到济南，由大爷负责找医寻药，二大爷负责照顾。奶奶腿脚不灵便了，二大爷便学会了针灸，无微不至地照料着奶奶，直到奶奶在他们家去世。二妈性格外向、开朗，"文革"时，大爷挨斗，精神极度颓废，数次要轻生，二妈不厌其烦地劝导宽慰。后来情

图10 二妈

况更为糟糕，造反派把大爷单独关押，不让他接近外人。二大爷和二妈不但不和他划清界限，还顶着压力，偷着写纸条，让二大爷送到一个公共厕所的一块砖下面，鼓励和支持大爷。家人的理解和亲情的支持才使大爷坚持着活了下来，熬过了那段不堪的日子。

在照顾生病的奶奶的时候，二大爷家里人来人往，也要吃也要住。他们不足六平方米的屋子，还有三个孩子，来的人吃了，孩子们口粮就不够了，但二妈从来没有一句抱怨的话，夫妻俩一直任劳任怨照顾生病的奶奶。奶奶安详离世那天，正下着鹅毛般的大雪，二大爷用车子将奶奶拉回济阳安葬。到了后来，我妈和我大姑同时病了，到济南看病，也是住在二妈家里。但家里只有两张床，实在住不开，二妈和孩子们就睡在地上，让姊妹们睡床，从没有一点不乐意的地方。后来，妈妈和大姑多次提此事，至今感念不已。

五、三妈和三大爷的故事

图 11 三大爷

三大爷是田修圣，早年跟着大哥出来后，没有在糕点铺里干，而是一个人在济南天桥最繁华的地方拉地排子车生活。以后又找了家工厂当学徒织洋袜子，还到东北的伊春去闯荡过。直到 1955 年回来和三妈孙西兰结了婚，被安排到了省总工会工作。再往后，因工作调整到省肿瘤医院工作，一直到退休。

三妈的故事最值得一说。三妈也是济阳本地人，嫁到王荣村的时候是 1955 年，当时才二十岁。济阳县成立了服装厂，她就在那里工作了。1958 年，她响应国家号召下放回乡，以女队长的身份参加了农业建设。三妈个子小巧，身高不足一米五，白白的皮肤，但就是这么一个小妇人，干起农活不服输。后来，有机会到省肿瘤医院的洗衣房工作，户口都迁过去了，但三大爷考虑到家里的父母，还是商量着让三妈回去种田，好照顾公婆。三妈放弃了到城里工作的机会，只身回到济阳家里，和公婆及两个小姑子一起生活。

那个时候，奶奶跟着儿子们在淄博或济南照顾孙子孙女，家里就是这个小小的女人，带着妹妹们生活，给她们做吃做穿，一待就是几十年。直到送走了公公，照顾两个小姑子成人，并给她们找好了婆家,嫁了人。同时,她还照料着孤身一人生活的大爷爷,那时有点白面,总是先让大爷爷尝一尝。饮食起居、端茶倒水、洗洗涮涮,几十年如一日,一直到老人家八十六岁去世,三妈才回到济南和三大爷团聚。

现在,三妈已八十四岁高龄,身板硬朗,只是因多年过度劳累,腿严重变形了。两个姑姑永远忘不了这位嫂子,一年总要约几次去看望这位老嫂子。姑姑们常说:老嫂比母。在她们的心中,这个嫂子就如同母亲一样啊!最让人动容的是,当问起三妈当年照顾大爷爷的事,她竟然说:"老人家跟着我受累了,那个时候日子太穷他没享着福啊!"她还一直觉得,没能让老人多享受一点生活是心中的愧疚。

图12 右为三妈,中间为表婶子,左为姑姑田修珍。

六、爸爸和妈妈的故事

　　我的爸爸田修贤，排行最后，1936年出生。他长到十多岁时新中国就成立了，赶上了好日子。爷爷奶奶受苦受累供他读书，兄弟当中，数他读的书多。他从小聪明，调皮，上树摸老鸹窝，下河去摸鱼，是常有的事。因为淘气，少不了挨爷爷的打，但日子还是开心的。到大了些的时候，他就跟着我大爷去济南读书了。那个时候，大爷已经当掌柜了，他不愿意让四弟再受一点苦，就像父母一样疼爱着这个最小的弟弟。早上给钱让他去吃豆浆油条，自己却舍不得买。爸爸就这样在哥哥们的爱护中长大。

　　毕业后，爸爸被分配到淄博运输系统当老师，教机械制图。1961年，他和我妈结婚。有一次，爸爸到我姥姥家去的时候，

图13 父母结婚照。摄于1961年。

图14 爸爸。摄于1961年。　　　图15 妈妈。摄于1961年。

姥姥、姥爷热情招待新女婿，有饭有菜，却就找不到爸爸了，后来在厕所里找到了哭泣的爸爸，妈妈问为啥，爸爸说想起了在家的爷爷奶奶没有饭吃。善良的姥姥、姥爷立即打电报让奶奶、小姑和还有大爷的儿子来到桓台，虽然也没有多少粮食，但是萝卜还是有的，能吃得饱，就这样两大家子人共同度过饥荒年。

妈妈漂亮贤惠，1962年生下我的姐姐，1971年又有了我，一共生养了两个女儿。后来，父母在青州安居，颐养天年。爸爸八十四岁于大福地安然离世。

爸爸一生较为顺利，先后当过老师、技术员，后来在管理岗位上退休。爸爸在平凡工作中不论是哪个岗位，都秉承爷爷奶奶的教导，认认真真，勤勤恳恳。在爸妈这个年代，生活已经变得比较好了，但爸爸的生活仍然很节俭，主要饭菜离不了咸菜和大蒜，喝过稀饭的碗一定要用水涮洗，再喝掉里面的米

图 16　小姑田修兰

粒。姐姐小的时候还在济阳住过，可奶奶去世后，就很少再回老家了。因妈妈家是淄博的，在娘家排行老大，离家又近，他们的主要精力都是照顾姥姥家的弟弟妹妹们。吃、穿、住、用，为五个弟妹们也操心了，直到这些弟弟妹妹全部都成了家，甚至直到他们退休，才安心放手。

七、我们的新时代

　　现在的王荣村，已今非昔比。自 2012 年 1 月 5 日统一住上了楼房，家家暖气，老人们不需要再辛苦劳作了，只在温暖的家里看看电视，含饴弄孙了。

父亲当年的六兄妹，到我们这一代已有十九个子女，而我们的下一代大都还在读书，学位最高的已经读到博士。他们就像蒲公英的种子，飞落到祖国的各个地方，有在天津的，有在海南的，有在新疆的，还有留守在黄河岸边故地的。尽管天各一方，但我们的根却是一样的，都是喝着同样的水，流淌着同样的血，内心深处都有着同样的乡愁。田氏家族延续至今，依然兴盛，在这个时代，不再有物质的匮乏，不再有生存的挣扎，不再有动乱。

一部老家谱，见证三代人的人生故事。田氏家族只是千千万万炎黄子孙中普通的一支，没有轰轰烈烈的英雄般的史诗，只有一份深厚的家国情怀。我们在黄河岸边世代为农，绵延坚韧、自强不息、忠厚传家。爷爷奶奶和父辈们的一生，告

图17　爸爸妈妈和姐姐。摄于1962年。

图 18 我（后排右戴眼镜者）和父亲、母亲、姐姐、姐夫。摄于 20 世纪 80 年代。

诉我们后代的，就是要吃苦耐劳，要真诚善良，要勤恳节约，要尊老爱幼，要本分做人。不管生活贫穷或富有，一个人的真诚是最贵的。不管容貌出众或平凡，一颗善良的心是最美的。父母长辈那份充满大爱的家风、家教和家道，已经深深融入了我们后代子孙的血脉之中。

几张上海跑马厅老照片

杨 潜

上海跑马厅早已消失在历史的云烟里，即使今天还能找到它的一些建筑遗存，也难以窥其全貌了，这就彰显出影像记录的弥足珍贵。国内现存的上海跑马厅老照片以民国时期为多，而清末时期的影像则比较稀见。在云志艺术馆的影藏中，清代跑马厅原版照片散见于不同的西方人影册，今从中采撷数帧，一窥它的旧时风貌。

跑马厅是近代上海吸纳外来文化的一个象征，也是最早来到上海的西方冒险家们攫取财富的缩影。现代赛马运动本是英国人喜欢的一项体育娱乐活动，西方各国的外交官员、商人、传教士、水手等抵达上海之初，便以圈占土地、经营租界为急务，争相建立各自的地盘。早在1848年，英国商人开始置地营造跑马场，在今南京东路、河南中路交界，以每亩不足十两银子的价格"永租"八十一亩。1850年6月，跑马场建成后，霍格等五人组成"上海跑马厅委员会"，后来转型成为"上海跑马总会"。当年11月，举行了赛马活动。随着上海地价飞涨，1852年至1854年间，霍格等人将跑马场地以高价分块出售，又在今浙江中路、南京路两侧圈地一百七十余亩，另辟第二个跑马场。1861 年，英商如法炮制，高价卖出低价买入，在今西藏中路、南京西路、黄陂南路、武胜路强征农田四百六十六亩，于次年建成第三个跑马场，正式成立了组织架构更为完善的上海跑马总会，并从 1863 年起将赛事时间由一、二日增为三日，开始每年固定举办两次赛事，每次三天，设七场比赛。三次易址，英商通过"倒卖"跑马场土地，获取了巨大的利益。

上海跑马厅在百年历史中，其间的组织架构、人事更迭、赛会规则、马匹选用等演变过程极为复杂，既缘于英式赛马活动自身的发展，也有被引入异邦后需要不断自我调适的原因。上海的赛马活动开始由英国人主导，随着由最初以娱乐为主转化为以商业博彩运作，上海的各国侨民以及华人居民都竞相参与，特别是在建造了归属国人自己的江湾跑马场后，上海的赛马活动进入了它的全盛时代。

上海跑马厅在清末与民国时期有着不同的样貌，有关它的文字记录远不及老照片呈现出来得真切。从瞬间定格的旧影里探寻那些若明若暗的细节，犹如回到现场，提供了重新发现历史的可能。

图 1 是笔者所见第三个上海跑马场早期图像，虽难以确定具体拍摄时间，但从看台建筑及简陋的场地等信息，大致可推测拍摄于 1880 年前后，或许更早一些。这座石砌看台始建于 1861 年，是第三个跑马场最早的一座。美国传教士朗格在《上海社会概况》（1875 年出版）中说，建造兼具俱乐部、戏院、礼堂、图书馆、交易所、拍卖公司、台球室、保龄球馆等多种功能的楼群建筑，是上海侨民社群组织早已有之的计划，但在前两处跑马场时期，受困于资金欠缺以及空间限制被搁置下来，直到第三个跑马场建造时方才实施。朗格记述："直到 1862 年，

此项计划简化为一个只带有阅报处、台球间、餐饮间等设施的
俱乐部，随后开始了建造计划，这就是现在我们眼前漂亮的上
海总会，在经历了三次合同变更后，最终在万国体育会的大力
资助下于1864年建成。"图1中的大看台只是俱乐部建筑设施
的一部分，以今天的眼光，画面显得呆滞乏味，缺少了最大的
看点：骑师与赛马。图片更像是观看者的合影，却留下了石砌
看台最初的影像，跑马场建筑设施日后进行了多次扩建改建，
这座看台也就改头换面了。

　　图1与其后拍摄的此处场景比对，可发现饶有趣味的差别：
赛道栅栏处人群中仅有寥寥可数的西洋女性，与19世纪末的

图1　跑马厅早期看台

十几年间，来此观看赛马的佳丽如云大相径庭。说明随着跑马厅设施的不断完善，板球、游泳等各种体育项目和组织的汇入，其娱乐、社交功能更为凸显。最主要原因是，19世纪80年代前，上海侨民的男女比例严重失调，为6∶1，常住女性只有218名；80年代后男女比例才逐渐达到2.2∶1，据1900年官方统计数字可知，常住上海的西方女性为1776名。老照片与上海社会史资料"暗合"，表明历史图像与文字史料的互证功用不可小觑。

图2、图3来自庆祝英国女王登基五十周年纪念影册，上海公泰照相馆1887年拍摄。图2为跑马场西隅，因拍摄角度、远近差异，呈现出与图1不一样的场景。英式赛马有完备的比赛规则，赛前准备也比较繁琐。裁判人员先对参赛的马匹和鞍具细心查验，骑师需要称量体重，通常赛前要听取马夫（练马

图2　跑马场西隅

图3 近景是跑马厅的入口

师）的提示，进入赛道还要再次核验马匹。图2中骑师跨上马
背揽辔待发，裁判已经站立于栅栏内侧，观众引颈张望等待一
场精彩赛事的到来。这帧照片还留下了跑马场地的景况，简陋
的木栏、敞口的排水沟反映出当年跑马总会困窘的财务状况。
直到1888年，麦克列昂第三次出任跑马总会主席，该年率先引
入新的下注方式"赢家分成法"，实现了扭亏为盈，并购入地
产，修改入会规章。图2中跑马场当时还是两圈跑道，外圈跑
道植有绿草，供跑马比赛之用，属于上海跑马总会所有；内圈
为硬土跑道，铺有细碎煤渣，内圈跑道连同内里的公共运动场，
归属于1860年发起成立的上海万国体育会，也称之上海运动事

业基金董事会。公共运动场内陆续建起了诸如板球场、高尔夫球场、游泳场等现代运动设施。

图3近景是跑马厅的入口，图片由高处俯拍，既能近观大门内外聚集的人群，也能远眺跑马场内及周边的景致。天地相连的远方，茂盛的树木与中式房舍隐约能见，那时上海的高楼广厦主要集中于外滩一带。细看大门与栅栏内外的人物，从服饰着装便能分辨华人与外侨之别。在很长的时期里，跑马厅只允许跑马总会的会员进入场内，华人中仅有洋人的仆役、驯马的马夫可以入场，当然在赛马会期，当地的中国官员也会受邀前来观看比赛。大门处有上海工部局的巡捕，从制式"官服官帽"标示上，能分辨出一人是外籍，另一个是华人。巡捕房成立于1854年，起初只招募西方人。随着租界的不断扩张，自1863年起，开始大量招募华人巡捕，逐渐取代了西捕。至于老上海市民眼中的"红头阿三"，也就是雇募的印度锡克族巡捕来到上海，则始于1884年，后来他们人员迅速增多，这是工部局为防止华人巡捕一家独大，不利于控制而采取的举措。这些面目黢黑、冠带怪异、行事凶狠的锡克巡捕到处"审街"，无疑增添了上海滩的殖民色彩。

图片右下方有黄包车和欧式马车。黄包车是一种人力车，因从日本传入，亦称为"东洋车"，系1874年由法国人米拉率先从日本购入三百辆，在法租界组建了上海的第一家人力车公司，加入了城市客运系统。欧式马车是19世纪50年代引入上海的，因造价及成本昂贵，它的拥有者多是洋商巨贾。马车不断从欧洲输入的同时，也进行了大量仿制，在咸同年间，上海开始出现出租马车，最早经营马车出租业务的英商萨门瑞记公司，除了开设龙飞车行，还建立了马车制造厂。早期的出租马车的价格不菲，一日三元，夜间加倍，遇节庆和赛马等日要比平时加价。但乘坐马车者并非外侨的专利，沪上富豪乃至头牌妓女也乐意雇用，尤其到了赛马时节，香车宝马驰骋过市，引人注目。

图4、图5、图6均为清末时期照片，拍摄于1900年前后。图4聚齐了直接参与比赛的马主、骑师及马夫，牵马的外国人是比赛用马的拥有者，身材矮小的马主口衔纸烟，迈开的步伐显得有些夸张。他头上戴的圆顶礼帽，也称德比帽子，是居于中上层社会的英国男子在非正式场合的服饰搭配。入场观赛，外侨的穿戴有约定俗成的规矩，无论男女均盛装出席并戴各式帽子，据说此俗源自亨利皇家赛艇会，以彰显赛马活动具有贵

图4 参与比赛的马主、骑师及马夫。约摄于1900年。

图5 赛马过程

图6 跑马厅的马厩和其他附属建筑外景。

族气息。马背上的骑师一身比赛标准装束，洋人骑师以年轻人居多，一般都有固定职业，除了具有熟练的骑术，还要取得跑马总会的许可证，同时成为会员方可参加正式比赛。骑师与赛驹永远是赛场上的明星，两者的默契程度关乎比赛胜负。一匹优良赛驹有了优秀骑师的鞭策驱驰，合理走位，是拔得头筹的关键。随行在后的华人马夫也是不可或缺的角色，他们多数来自上海本地，文化水平不高，但不缺智商与情商，否则难以承担严苛的饲马驯马工作。驯马时间会随春夏秋冬季节不同有所调整，但凌晨起床即开始遛马、驯马是其常课，故资格的取得须经跑马总会核准通过。图片中马夫的扮相，不中不西，与更早期的马夫穿戴相比，他俩已经相当"西化"，头戴便帽长辫垂后让人发噱。从社会史的角度考察，晚清时期华人的服饰变迁，通商口岸的各阶层人等均受西风熏染，那些直接为洋人做事的群体更是争相仿效，引领了风气之先。

图 5 记录了赛马过程。骑师策马飞奔的画面，与当今赛马风驰电掣的精彩瞬间比较还是相形见绌，须知以当时的摄影术与材料水准，拍摄高速动体的清晰影像也实属不易。图 6 是跑马厅的马厩和其他附属建筑外景，它位于跑马场外，与跑马场相隔一条马路，马厩建筑现已不存。

图 7 是 1890 年之后的石砌看台及周边场景，具体时间不详，根据同一批老照片的拍摄年代，大致可以划定在 1900 年至清朝终结之前。此时的跑马厅建筑以及跑道均得到完善和提升，与同一地点的初期景观有很大差别。1890 年，跑马总会在看台与会所两座楼间续建了一座更高的钟楼，初步形成了一组外观完美、功能齐备的建筑群。建筑前的草坪也变得整齐平坦，设置了露天座椅，跑道栅栏也进行了更换。画面中裙裾飘飘的西

图7 1890 年之后的石砌看台及周边场景。

图8 新建跑马总会大楼的正面全景。

洋女士俨然成为这里的主角,其实跑马总会依然由西方男性主导,只是此时上海侨民社会性别结构发生了显著变化,越来越多的西方女性来到上海,这也是西方侨民经过很长的"创业"期自然发生的现象。根据文献记录,侨民成为跑马总会会员也要具备一定条件,每年交纳会费,不少西方人时来时去,故新加入者与退会者变动频繁。1870年至1880年间,会员人数只有一二百人,在此后的十年间也未超过三百人。1890年后会员人数连年攀升:1894年会员三百三十人,1896年超过四百人,

图9 由美军航拍的跑马厅全景。拍摄时间在世界反法西斯战争胜利之后。

1900 年超过六百人，1917 年达到了九百九十多人。上述数字表明，1890 年以后，跑马厅步入快速发展期，及至民国以后进入它的全盛时期，加上中国政治秩序的改变以及博彩业的普及，赛马也成为上海民众参与最广的活动之一。

图 8 是新建跑马总会大楼的正面全景。这座留存下来的大楼建成于 1934 年，系在拆除的原有建筑旧址上重建，由英商马海洋行设计，采用钢筋混凝土结构，整体建筑为古典主义造型，红褐色面砖与石块交砌的外墙典雅庄重。朝向跑马场一面设会员看台、普通看台，内设餐厅酒吧、咖啡室、弹子房、保龄球道等设施，会员专属包厢也极尽奢华。据说修建费用支出了两百万两白银，可以想见跑马厅通过出售门票、发行彩票等多项收入，赚取到了让人瞠目的暴利。

图 9 是由美军航拍的跑马厅全景，拍摄时间在世界反法西斯战争胜利之后。1941 年底太平洋战争爆发，跑马厅被日军占领，上海日伪当局成立体育会接管了跑马厅和公共体育场，赛马活动虽未中断，但战争的阴影下跑马厅盛景不在。1945 年 10 月，跑马总会收回后并未恢复赛马，将场地租与美国海军陆战队作为营地。美国援华空军和隶属太平洋舰队的航空联队，曾对中国内陆进行过大规模的航拍，这帧图片留住了上海跑马厅即将落幕前的身影。新中国成立后的 1951 年，上海市政府成立专门委员会将跑马厅收归国家，随后场地南部辟为人民广场，北部建造了人民公园，而那座蕴藏着西方人财富、地位、投机的跑马总会大楼，经过局部拆建改造，作为上海文博方面的公共场所使用至今。

（图片由云志艺术馆提供）

柳州标营旧影

于　岳

　　近日在整理藏品时，在某个信封深处，重新"发现"了这张老照片。此照收藏于我处大约已有十年了，画面是民国时期柳州一处营房的航拍，背面的题字为"柳州空中摄得之标营"。最初买来时我还处于新手上路阶段，以为是广西航校的旧影，及至此际重新审视背面的注释并查考资料，才发现原先的认知是错误的。

　　此张照片中的建筑，其实是柳州一个名叫"标营"的地方。如今在网上探索这个地名，发现它早已如石沉大海般销声匿迹，想要知道它的准确位置都很难，更别说想找到一张老照片了。这不由让此影像的珍稀性更上一层楼，因为广西航校毕竟还是有些照片存世的，而标营的这张则几为孤品。我心痒难搔之下，当即开足马力搜集资料，以期考证出更多细节。

　　标营这个名称洋溢着晚清风情，"标"就是后来的团，这大概也说明了此处驻军的规模。我原以为这是清末广西新军某标的营房，结果从文史资料及市志中找到了零星记载才知并非如此，而且各家所记载的也有些差别。比如《柳州市志》载："标营，清光绪二十年（1894）后建，位于城南郊五公里处，又称

31

帽合标营，民国时常驻兵五百余人，今废。"这一条对于位置的记载很有价值，但修建时间却写得颇为"巧妙"，在光绪二十年后面又加了个"后"字，当然就不能真认为它是1894年建的了，也许是修志时对此并不清楚，所以干脆就模糊处理了。

而《柳南文史资料》（第5辑）载："民国十二年（1923），第四集团军于今飞机场旁靠帽合村旁建陆军营房，称为标营。"这里记载的修建者第四集团军显然不对，这是国民革命军北伐以后才出现的桂系番号。不过这条记载提供的时间很有价值，且再次指向了"帽合"这个地名，这样一来，位置方面的问题

图1 民国时期柳州一处营房的航拍

也大致解决了。

另在《柳南文史资料》（第 1 辑）收录有《标营事略》一文，作者曾宪荣，其父在标营里当过军官，后来退伍在标营旁边开杂货铺，属于正宗的当地人、亲历者，故他文章中记载的一些细节，可信度极高。比如时间：1923—1924 年间建成；地点：帽合村所好屯西边三四百米处；建筑：四栋砖木结构营房，呈环绕式，中间大操场面积四五百平方米，这一细节与我所藏这张照片中的画面完全吻合，佐证了照片背面注释的准确性。

柳州标营始建于 1923 年已无甚疑问，规模是可以驻军一

个团，但当时的团早已不叫标了，取这个名字应该只是习惯性地延用旧称。至于它所在的位置，由于帽合村、所好屯这些地名如今尚在，所以倒是可以大致比画出来，应该就在柳州老机场以南、今航生路南端南环路与大桥河之间的那一块。《标营事略》中曾宪荣也提到了标营的结局，是在 50 年代末被全部拆除，由原广州军区建为通讯仓库。我放大了地图找，这个仓库现在估计也都没了，所以标营旧址极大概率已然杳无踪迹，甚至可能都不为当地人所知矣。

说起柳州老机场与广西航

校，其实和帽合标营也有点关系，因为机场就是 1929 年 3 月在标营前（志书中的"前"，应是指标营正门前，即北边）兴建的，又名帽合机场，这在许多志书中都有详细记载。帽合机场后来成为广西航校驻地和主要训练场，抗战初期中央航校短暂迁柳州，也曾落脚于此，再后为中美空军的驻地。解放后帽合机场归于空军，一度还在此开办有中国民用航空第四航空学校，80 年代改为军民两用，1999 年停止使用，今在旧址上建有柳州市军事博物园。柳州旧机场和城防工事群旧址为第七批全国重点文物保护单位。

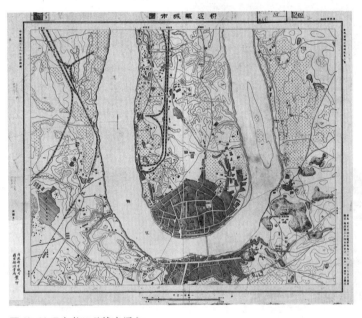

图 2　1947 年柳江县城市图之一

略显遗憾的是，在我所藏这张柳州标营的老照片中，看不出机场的任何蛛丝马迹，但从两者比邻而居的位置关系以及主建筑的朝向判断，此照应是由北向南拍摄的，后面隐见的大桥河亦可佐证。而且，从空中拍摄这张照片的飞行员（或照相师），极大可能就是从帽合机场起飞的，这也让两者多少有些"沾亲带故"，是以上段亦对帽合机场的历史略做交代。

经查考《柳州市柳南区志》及相关文献，目前已知曾在标营驻扎过的部队有：桂系第七军十九师五十五团（1932年）、桂系第十五军四十三师一二九团（1935年）、黄埔六分校十五或十六期部分同学（抗战时期，我尚未查证确凿）、第十五集

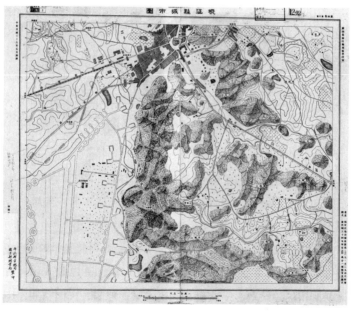

图3　1947年柳江县城市图之二

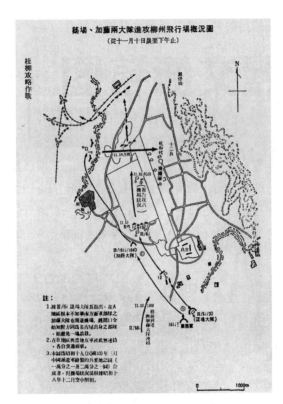

图 4　日军绘制的《进攻柳州飞行场概况图》

团军（总司令关麟征，后改称第九集团军）某部（1940 年）、日军某部（1944—1945 年柳州沦陷时期）、陆军第三编练司令部（1949 年，疑为第十一编练司令部）等。

　　至此，仅剩一个疑问，那就是柳州标营到底是谁修建的？经过一番探索，我终于在《柳北文史》（第 11—12 辑）中《抗战前柳州的建筑业》一文里找到了答案。原来，民国初期，广西战事频仍，过境的各路军阀部队有如过江之鲫，无一不是占用街市上的商铺与民房，百姓深受其扰。有鉴于此，柳州总商会发动当地商号在河南帽合村修建了标营，工程是由四家铺号共同承建，属公益事业。从照片上来看，标营的建筑质量可能挺不错，但因选址不善，产生的效果却非常尴尬。帽合村地处远郊，往来城区相当不便，且小村子也无油水可捞，让来往的各路军阀几乎毫不待见，只有零星小部队进驻，商会对此也只能徒呼奈何。

读到此处，让我不由对这个选址产生了兴趣，当然，这要从民国时期的老地图去看，才能产生理想效果。我首先在网上买了一张1947年的柳江县城市图的扫描件，打开一看不好使，主图中柳江以南的城区极少，甚至还看不到立鱼峰。再看其他附件，其背面倒是有一张城南的图，最南到了龙潭山一带（今龙潭公园），在其西边能看到有机场的一些身影了（图中标注为空军第五站），但标营尚在机场南边，在此图中仍未出现。

其实从这两张地图中，已不难理解标营之远了，而且它似乎也不在城区范围内，未必会绘入城市地图里。但我还是有些不死心，于是又买了一本《柳州历史地图集》，这书编得已经挺翔实，从明代开始，搜集了相当多的老地图，印刷品质也不错。我迫不及待地翻到城区（河南）那一页，结果再次失望了，这张地图仍然是只到立鱼峰附近。我耐下心来把全书翻了个遍，只要和那个方向沾边的，全都仔细看了一遍。终于，在其中一张日军绘制的《进攻柳州飞行场概况图》（1944年11月10日）中，我发现了标营的身影！而且仅有此一张能看到标营位置的地图！这不由让我欣喜若狂，考证至此，终于算是圆满无憾了。

从青岛走来的父亲和母亲

安 震

　　我的父亲安郁综，1928年7月生于山东青岛。母亲苑同建，1930年11月生于山东诸城。父亲和母亲都是来自世代书香门第的大家族。

　　父亲的父母祖辈是来自山东日照丁牟秦安李五大望族中的安氏和丁氏家族。父亲的父辈家族安氏自六百五十年前迁到日照，历史上产生过二十多位进士和文武举人，包括父亲直系祖辈进士安镶。而父亲的母辈丁氏家族六百四十多年前迁到日照，更是声名显赫，历史上有进士举人多达四十九人，其中包括奶奶的父亲，进士丁惟鲁。母亲的父辈母辈家族则是来自山东诸城臧苑孙张李等几大望族。母亲的祖辈也多有进士，包括母亲的直系祖辈进士苑鸿绪和进士苑莱池。

　　甲午年（1954）的大年初二，父亲和母亲经人介绍并交往了一段时间后，在青岛喜结良缘。其实，我是在20世纪90年代中期留学归国后，才逐渐听父母讲起我们的祖辈们出过不少进士、举人和廪生的。现在想来，父母同为多位进士的后代，而又孕育了姐姐和我，还是挺感慨的。

　　当家里过节或有亲戚来访时，每每有晚辈问：父亲和母

图1 父亲母亲结婚照。摄于甲午年（1954）春节。

是怎么认识并结婚的？诙谐幽默的父亲最爱和大家开的玩笑就是：当年他们青岛崇德中学的男孩子经常骑在学校围墙上，调皮地向经过附近的文德女校的女孩子扔小石子。父亲扔出的小石子就刚巧打到了母亲……尽管这只是父亲的一个玩笑，但是听过的人都愿意相信这是真的！我想，这背后的原因恐怕是，大家从相亲相爱了一辈子的父亲母亲身上，感受到了爱情的浪漫和忠贞。

在父亲母亲六十四年（父亲因病卒于2018年清明，享年九十岁）的婚姻生涯中，他们的的确确做到了互敬互爱，相濡以沫。经历了自然的、疾病的、政治的、事业的风风雨雨，父亲母亲始终乐观向上，带领全家不断克服各种困难。从青岛调到首都北京，又被派往中国驻外使馆，归国后在动荡岁月里先后被下放到河南农村劳动和派到湖南益阳建厂，1971年全家终于重新回到北京。父母把姐姐和我乃至第三代培养成为对社会有所贡献的人。每每想到此，姐姐和我及我们全家人对父母总是充满无限的热爱和感激！

父亲自幼受传统文化的熏陶，为人热情善良，聪慧机敏，深受族人喜爱，是青岛私立培德小学的首届毕业生，后考入具五四运动光荣传统的青岛崇德中学就读。

父亲崇德中学毕业前后，通过努力加上天赋，考上了青岛美专，但奶奶总想让儿子有一个真正的技术工作。其实，父亲从小就爱在爷爷家的观海二路15号阳台上俯瞰大海，看到你来我往的海轮，便向往成为一名海员，驰骋四海五洲。为此，父亲经爷爷的好友、著名北方船王贺仁庵先生介绍安排也曾短暂上船实习过。后因战火迫近，以及受进步思想和工业救国理念影响，父亲于1946年9月又考上青岛高级工业职业学校（山东工学院于1949年10月接办），并于1949年7月正式参加齐鲁公司橡胶厂工作。父亲后于1951年10月取得山东工学院机械科毕业证书。

齐鲁公司橡胶厂几度重组改名，曾先后名为"山东青岛橡胶总厂"和"国营青岛橡胶二厂"，而"青岛橡胶二厂"更广为人们熟知，素有"中国橡胶工业摇篮"之称。父亲工作勤奋努力，因技术革新多次受到表彰，先后被任命为机电科副科长、设备科科长。1955年调厂长室，任代理总机械师，参与橡胶二厂的扩建，负责全厂设备维修和公用工程管理工作。

父亲同时也积极参加社会活动，1950年参加中苏友好协会，任机电科支会会长；1953年被选为青年技术界首席代表，参加青岛民主青年联合会。

约在同一时期，母亲考上了学制三年的青岛市高级医事职业学校，于1950年6月毕业后分到青岛市立医院工作。由于工作认真负责，两年后被调到青岛干部疗养院任护士长。

此时新中国建立不久，百废待兴，国家急需大量专业技术人才。工作表现优异的父亲和母亲1955年8月一同奉调进京，

图 2 父亲出差上海。20 世纪 50 年代初。

入职外贸部中国机械进口公司，开始了他们涉足国际贸易的职业生涯。

父亲是先随中国贸易代表团，以专家身份赴民主德国购买化工机械和工作母机，并参观考察了一些大型机械厂。1956年 3 月被正式长期派往我国驻捷克斯洛伐克大使馆商参处工作，任机械工程师兼中国机械进口公司总代表，也是商参处

图3 母亲（左二）和青岛市立医院的同事们。摄于 1951 年。

集体领导成员之一。母亲随后也调到我国驻捷克斯洛伐克大使馆商参处工作。父亲在民主德国、捷克斯洛伐克近六年间，曾多次代表中国参加中捷科技合作会议和社会主义八国经济科技合作常委会（机械）专家级会议，多次参加民主德国莱比锡工业博览会和捷克布尔诺工业博览会，参与引进多项苏联和东欧的大型机床和化工技术设备。父亲还著有《捷克斯洛伐克机床工业的发展》一书，为新中国建立之初的工业基础建设做出很大贡献。

当年，捷克斯洛伐克属发达工业国，又地处欧洲十字路口。父亲多次以此为中心，前往西德、法国、英国、瑞士等尚未和中国建交的西方发达国家，边学习西方先进的化工技术和管理知识，边尝试和实现向中国引进急需的先进大型化工技术和设备。

1957年9月，父亲母亲爱情的结晶——姐姐出生在捷克斯洛伐克首都布拉格，特取名为捷。至今，姐姐仍珍藏着她的布拉格出生证。

1961年后，父亲开始主要在国内工作，并正式加入化工部对外局，担任三处负责人。这一时期，在父亲负责的众多的引进项目中，最著名也影响最大的是从法国谈判引进丁辛醇成套生产设备。这个项目的引进，困难重重，经多次考察和艰苦谈判，由父亲参与领导的技术考察三人组汇报给外贸部时任部长李强牵头的进口五人领导小组，再报李富春副总理，最后由周恩来总理于1963年11月28日批准同意动用国家宝贵的外汇，才得以进口。从而，帮助奠定了吉化、兰化的生产技术基础。

图4 父亲（第三排左一）和母亲（第二排左一）与中国驻捷克斯洛伐克大使馆时任大使曹瑛（前排坐左六）及全体使馆工作人员合影。摄于1957年。

　　1964年10月，我国成功爆炸了第一颗原子弹。举国欢腾！而我，也刚刚出生。从此，我们一家四口人风雨同舟，再也不曾分开。

　　时间进入了十年动荡岁月。父亲母亲除了正常工作受到干扰影响，父亲更被人诬蔑指控为"特务"，而所谓的证据就是父亲买的并戴着的一块瑞士产手表——这块手表竟被说成是"微型发报机"。形势一度急转直下，父亲甚至做好了锒铛入狱的准备。母亲也做了最坏打算，并准备把我送给没有儿子，只有三个女儿的叔叔家；把姐姐送给没有女儿，只有两个儿子的舅舅家。所幸后来有更多的同事们站出来证明了父亲的清白，父亲才幸免于难。

　　图5　父亲（后排右一）和时任中国驻捷大使曹瑛（后排中）、时任化工部橡胶局处长于耀（左一）及捷克友人家小朋友，在布拉格伏尔塔瓦河畔合影。摄于1957年。巧的是二十多年后，父亲和于耀共同领导化工部北京橡胶工业研究设计院。

图 6 父亲抱着女儿捷在中国驻捷克斯洛伐克大使馆欢迎董必武副主席率领的祖国慰问团。摄于 1958 年。

1969 年夏，父亲带领我们全家被下放到河南太康"五七干校"劳动。行前，父亲特意为下放买了一辆"红旗"牌二八自行车。果然，这辆自行车在河南及后来的湖南益阳都大有用武之地，而且一直用到全家回到北京西郊半壁店。

在河南太康，父亲母亲加上姐姐和我一家人挤在父亲他们先期盖好的泥瓦平房里。房顶是三角尖形的，各家的房顶基本是相通的，一点也不隔音，而这不隔音对我却很有好处。因为我只要一淘气，挨父亲的揍，就会大喊："三姐！救命啊！"被叫的"三姐"是同被下放劳动的、时任化工部副部长的杨叶澎的三女儿。杨副部长一家人就住在隔壁。

那一年，上幼儿园的我只知道在本属于黄泛区的大地上疯玩泥巴，哪里知道父母一辈人的愁苦？多少年后，"三姐"过春节时来家看望父母，还会说起这一段难忘的患难与共的艰难

图7 父亲（右一）和同事们出访法国。摄于20世纪60年代初。

岁月。

　　1970年11月，父亲因掌握良好的橡胶工业技术知识被调派到湖南益阳，担任设备组长，参与领导建设新中国第一个橡胶机械设备厂——益阳橡胶机械厂。在那里，父亲参与设计规划并领导工厂的建设，带领工人们除了建设好工厂，还在益阳资江上修建了首个专用工业码头。

当时，在益阳的生活条件异常艰苦，父亲他们盖好了简易宿舍后，就陆续接家属前往。在去益阳的火车上，家属们在议论，说益阳在洞庭湖边，是个"鱼米之乡"！家属们就在这美好的期盼中分批到了益阳。

宿舍和厂区之间是一条在山谷中蜿蜒的小溪和一条不宽的碎石路。我正是上小学一年级的岁数，课不多，经常沿着小路去厂区找母亲。一次，被一条很长的蛇隔着小溪追，吓得我拼命地奔跑……直到今天，还落下"怕蛇的毛病"。

益阳气候炎热且潮湿，而冬天竟也会下大雪。屋里没有暖气，只好点个炉子取暖。初期也常常缺电，家家点个煤油灯。倒是炉火，除了能取暖外，也起到一定的照明作用。伙食也很不尽人意，几乎很少见到肉。有一点肥肉星炒上红辣椒和豆豉，

图8 我们一家四口和我的小姨奶奶（进士丁惟鲁的小女儿、我奶奶的妹妹）丁益详（右）合影。母亲抱着我。摄于1965年。

一小撮放到硬硬的糙米饭上就算很可口的了。这哪里是什么"鱼米之乡"?!

唯一让大人和小孩们感到快乐的是春天,漫山遍野的映山红怒放,层林尽染,姹紫嫣红,令人陶醉。

现在,益阳橡胶机械厂已发展为益阳橡胶塑料机械设备集团有限公司,位列世界百大橡胶机械厂前列。

1972年7月,在完成益阳橡胶机械厂的基本建设后,父亲奉调返京,任化工部北京橡胶工业研究设计院设备室主任。父亲之所以没有答应回老单位化工部外事局,多少是因之前被怀疑为"特务"的遭遇而心有余悸,觉得还是单纯做技术工作为好,这辈子最好别再和涉外工作沾边!

此前,母亲带着姐姐和我已回到北京。全家来到位于北京

图9 父亲(前排中高者)和同事们在益阳橡胶机械厂建设工地。摄于1971年。

西郊半壁店的化工部北京橡胶工业研究设计院，大院分为科研工作区和家属生活区。因为父亲调入橡胶院较晚，我们一家人只能挤在两间斜对门的单身宿舍里，并在房间外的走廊上支上炉子炒菜煮饭。几年下来，炉子也由最初烧小煤球，渐渐过渡到烧蜂窝煤，直至煤气罐。一到做饭时，楼道里飘散着各家不同饭菜的香味。尽管那时饭菜花样有限，肉蛋副食甚至芝麻酱都凭票凭本供应，但各家也会发挥各自天南地北的厨艺，而且经常交换点饭菜来尝吃。母亲在下班后，还要督促我们姐弟俩学习，安排家务。生活虽不富裕，却也充实。

父亲并不在意生活条件，而是全身心投入科研和试制工作中，为又能够从事他精通的橡胶工业技术工作感到欣慰；母亲则继续从事在我驻捷使馆就已改行的规划统计工作。

1974年，父亲领导的设备科研小组研制成功了我国首台LH-1型硫化仪，并将成果发表在当年10月由中国科学技术情报研究所出版的内刊《科技消息》上。那个年代还不允许以个人名义发表成果，哪怕是写全每个科研人员的名字，只能以单位的名义发表。

从1972年7月至1983年11月间，父亲主持制定了我国第一批橡胶机械标准，领导并参与研究和开发了一批橡胶测试仪器及橡胶工艺设备，特别是主持研究并组织领导制造了我国第一台具有国际先进水平的大型轮胎动态性能测试仪，打破了西方对我国轮胎测试技术的封锁。该项目于1986年获"化工部科技进步一等奖"。父亲还主持研制了Ⅱ型硫化测定仪并获"全国科学大会奖"。同时期，父亲领导参与我国乘用子午线轮胎的开发，组织了"650-16子午胎生产试制"重大项目。父亲因领导参研"一次成型法9.00R20载重钢丝子午线轮胎"项目，被国家科技委员会授予"国家科技成果完成者证书",该项目获"国家科委科技进步三等奖"(1992年5月)。这些成果填补了中国全钢丝载重子午线轮胎空白。之后,父亲和同事们开始规划筹建大型轮胎试验场。在这一系列的试制研制过程中,培养了一批测试设备和仪器的设计研究人员,形成了一支专业设计研究力量。

凡此种种,可说是从各方面极大地提高了我国橡胶和轮胎工业的科研及生产水平。有些装备的技术水平不仅逐渐追上世界橡胶和轮胎工业的平均水平,有的甚至已跻身世界先进水平。

由于长期的科研和工作压力,加之还要经常和试制车间人员一起加班加点,父亲原有的肝病和胃病都在加重。我至今依然清晰记得,父亲回到家中总会用手捂住腹部,稍稍在床上躺一小会儿,并叫我给他沏上一杯热茶来喝,然后再继续工作。久而久之,父亲只要一回家,我放学在家的话,就会自觉地给他倒好热茶,而父亲也常常会亲切叫我也喝上一两口。我现在爱喝茶的癖好也由此养成。长大成人后,有机会给家里带回一点各地的好茶叶也成了我孝敬父亲母亲的习惯。

1978年3月至1979年3月间,父亲调任化工部外事局三处处长。这是他第二次在化工部外事和对外贸易部门工作和任职。当时国家正从十年动荡中走出来,在全力恢复生产和建设,也开始在坚持自力更生的基础上适当扩大引进国外先进技术和设备。父亲作为技术谈判领导小组副组长参与领导了大庆石化、山东胜利石化及南京化学工业公司等技术设备引进项目。

1979年3月,在圆满完成几大石化基地的签约引进工作后,父亲重被调回化工部北京橡胶工业研究设计院,任常务副院长兼技术发展部主任。1979年10月,父亲和设计院另一位副总工、

图 10 父亲在化工部北京橡胶工业研究设计院试制车间的办公室。摄于20世纪70年代中期。

归国华侨郑正仁先生代表中国，首次参加国际标准化组织在美国召开的轮胎等相关技术委员会会议并发言。父亲和郑伯伯也是中美1979年1月1日正式建立外交关系后，中国较早派往美国参加国际组织会议的代表。这次活动的参与也成为中国重返国际橡胶工业舞台的标志。

　　在做好领导科研和试制生产及管理工作的同时，父亲发表了多篇论文，翻译了十多篇技术论文，同时兼授橡胶机械课程。同时，他应聘为北京化工学院（今北京化工大学）客座教授和研究生毕业答辩委员会委员，为培养新一代化工专业人才做出了贡献。父亲还先后担任过中国化工学会橡胶专业学会委员、化工科技图书编审委员会委员、中国橡胶协会常务理事、中国橡胶学会理事、中国橡胶机械标准化委员会主任委员。

图 11　时任化工部外事局三处处长的父亲（右坐签字者，身穿难得一见的纯中式罩衫冬上衣）正在签署技术设备引进合约。摄于 20 世纪 70 年代末。

　　1983 年 11 月，父亲被国务院总理任命为化工部外事局局长、中国化工建设总公司（CNCCC）总经理。1985 年 3 月又兼任中国化工建设总公司董事长。这也是父亲第三次在化工部对外交流和国际贸易部门任职，且担任了该部门的最高职务。可以想见，当父亲跨入设在北京和平里七区 16 号楼四楼总经理办公室的那一刻，心里是怎样翻江倒海，五味杂陈?!

　　父亲工作和领导的中国化工建设总公司及其前身燃料化学部成套技术进出口公司，先后参与完成了齐鲁石化等多家三十万吨乙烯工程，以及著名的"十三套大化肥"的引进签约，还参与了对第三世界多国的援助，并和世界银行、联合国开发计划署、联合国工发组织等国际组织开展了贷款、资助等多项合作。

这一时期，父亲经常赴日考察。而父亲的弟弟郁维，是新中国第一代纺织工业管理者。有一次，兄弟俩分别率领中国化工部代表团和山东省纺织代表团访问考察日本。两人事先并未沟通出国一事，谁料，在东京一著名饭店自动玻璃门打开的瞬间，兄弟俩正好面对面进出。两人当场怔住了！因为兄弟俩长得特别像，此景也令两个代表团的随行成员万分惊讶，此事一时传为美谈！这也从一个侧面见证那个时期中国对寻求国际先进技术的迫切渴望和需要。

1984年10月1日，父亲获邀参加庆祝新中国成立三十五周年的天安门城楼阅兵、群众游行活动观礼和招待晚会。说来很巧，1984年我正上大学三年级。10月1日，我作为群众游行方队的先导红旗方队的一员通过了天安门，受到邓小平等中央领导的检阅。而我的爱人，当年是中学生，坐在天安门广场上

图12 时任中国化工建设总公司董事长兼总经理的父亲（中立者）陪同国务委员张劲夫会见外宾。摄于20世纪80年代中期。

参加了组字和翻花表演。一家三口人都参与了这场盛大的庆祝活动。每当我们回忆起来，都感到无比激动和自豪!

20世纪80年代初中期，父亲出访最多的国家是科威特、突尼斯和摩洛哥，主要是由于当时中国化肥的生产和使用较为简单和单调。为了改变这一现状，国家决定加快复合肥的生产和使用，开始接触科、突两方并展开合作谈判。那时，父亲由于多次长途往返北非，加上谈判的艰苦，老胃病和低血糖的毛病时有发作，在一次关键谈判中竟然直接晕倒在谈判桌下。由于去访问的次数太多，加上父亲个高肤白，西装笔挺，说一口

图13 时任中国化工建设总公司总经理的父亲（中坐签字者）在中国、科威特、突尼斯三国建立合资中国－阿拉伯化肥有限公司仪式上签字。国务委员张劲夫、化工部部长秦仲达出席。摄于1985年10月。

流利的英语，在突尼斯布尔吉巴老总统接见时，还以为父亲是他们国家的内阁大臣。双方代表见状都很兴奋地说：友谊已如此深厚，合作一定成功！

历经几年的访问考察、技术谈判、商务谈判，百转千回，这个当时我国最大的对外经济合作项目终于迎来诞生的曙光！1985年2月，父亲代表中国在北京人民大会堂和来访的突尼斯SIAPE公司董事长奥尼、科威特PIC公司董事长努里，正式签署在我国河北秦皇岛建设磷肥项目的协议。当年10月，父亲又在北京正式签署中、科、突三方合资建立中－阿化肥有限公司的协议。这一项目填补了中国先进复合化肥生产空白。合资公司建立后，父亲又兼任了该合资公司董事，继续关心着合资企业的建设和发展。今天的中－阿化肥有限公司已发展成为国内复合肥生产的领军企业。

1989年3月，父亲年龄已超过六十岁，卸任中国化工建设总公司董事长一职。随后这一年国际形势发生很大变化。为应对风云变幻的国际新形势，刚刚到任的化工部部长顾秀莲亲自来家中看望父亲，并恳请拥有长期国际交往和国际贸易经验并在国际上享有良好声望和人脉关系的父亲参与组建中国国际贸易促进委员会化工行业分会和中国国际商会化工行业商会。父亲欣然同意并很快把精力投入新岗位上，在该会1990年7月成立伊始即担任了常务副会长直至1995年，为促进当时一度陷入低谷的中国国际商贸交流，做出了自己的贡献。

回顾父亲一生的工作经历不难发现，不论是科研生产、国际贸易，还是行业管理等各个方面，父亲都做出巨大成就，且多为首创和开拓性的。凡是和父亲共过事的同事，交往过的贸易伙伴，或接触过的亲朋好友，甚至一面之交的陌生人，不论

图 14　父亲母亲在我的小家庆祝金婚。摄于 2004 年。

职位高低，亲疏远近，国籍中外，无不对父亲的为人处世交口
称赞。而且，这种称赞和好评并不因父亲在职或离休有所改
变。

　　在生活上，我的不少同学朋友都和父亲成了忘年交。他们
都愿意来家和父亲或谈天说地，或遇到事业上、生活上的困难，
来请教父亲，父亲也都会耐心帮他们排忧解难。我有时有事不
在家，会说：我不在！可我的同学朋友会说：你不在没事，安
伯伯在就好！

几十年来，母亲一边相夫教子，一边也完成好自己的本职工作，而且从不参与父亲的工作，真正做到这一点也是很难能可贵的。这在父亲母亲工作过的每个单位都成为美谈。

父亲离休后，我曾建议父亲把他的人生经历回顾一下，写成回忆录，可父亲总是云淡风轻地说："都过去了。人生就是活一个经历。对得起国家、家人和自己就足够了。"

图 15 父亲最钟爱的照片之一。

离休后，父亲除了仍关心国际、国家大事外，更愿意陪同母亲四处转转，或在家接待一些老亲戚、老同事和老朋友。空闲时间，父亲也重新拾起画笔，开始油画的创作。父亲在摄影方面也颇有造诣，几十年来访问过五大洲几十个国家，拍摄了许多世界各地的风土人情和美丽景色。画作和摄影作品都广受好评和被亲朋好友收藏。

时间飞逝，父亲虽然离开我们五年了，但在我们家人和亲友的心里，父亲从未离去，父亲依然和我们在一起，时刻注视着我们，关怀着我们。父亲的精神也时刻激励鼓舞着我们。父亲永远是我们学习的楷模！

此文在行将付印之际，慈爱的母亲于2023年6月8日仙逝，享年九十三岁。慈爱慈祥的父亲母亲最终在天堂相会，永生永世再不分离！

姑婆叶曜雯

郭薇婕

姑婆叶曜雯（1898—1956），浙江嘉兴人。她七岁入学，1915 年，也就是在她十七岁那年，毕业于浙江女子师范学校。我的外公叶绥章先生在 1956 年干部自传中写道："姐叶曜雯，师范学校毕业，毕业后即在乡镇担任小学教师，有同事女教师张志行，她的姐姐在印尼爪哇学校教书，我姐和张志行同时应该校校长之聘，一起赴印尼爪哇教书，直到现在，已有三十四年了。"

图1 姑婆叶曜雯。摄于 20 世纪 20 年代。

外公的自传写于 1956 年，往前推三十四年即 1922 年，2022 年正好是姑婆她们到印尼爪哇从教一百周年，是值得纪念的日子。回想百年前姑婆也是不容易，虽然出生在鱼米之乡嘉兴，祖父叶少秋在镇上开个京什货铺，可说"家道小康"，但到她毕业那年祖父病故，父亲叶申甫又染上了赌瘾,致使"家道中落"。她是长女,又像慈母,十分关心几个弟妹的成长教育,决心离乡背井到南洋去闯一闯,一方面开阔一下眼界,另一方面也想多赚点钱帮助一下弟妹。同时学校几个单身的女同事都有这个想法,一拍即合。据史料记载,同时赴印尼爪哇的有卜蕴辉(1900—1992),她1917年于武进师范本科毕业,曾执教于江苏丹阳正则艺校多年,还

图2 1929年,外公叶绶章先生毕业于南通大学纺织科时留影。

有张翰屏、张志行,共四位女青年教师经上海教育界闻人黄炎培先生介绍到印尼泗水中华会馆任教。

那时候去印尼泗水交通无法和现在相比,先乘火车到广州再到罗湖口岸,经香港,然后乘轮船一路颠簸不知道要多少天。泗水是印尼东爪哇省省会,也是当时印尼最大的商港,早期众多华侨流寓该地。爪哇华人人口增长,华人的经济实力也与日俱增,成为当地举足轻重的力量,这和华人的勤劳与智慧分不开的。四位身着旗袍的青年女教师要把祖国的教育理念融入当地的侨民子女中去,可是,来自祖国江南地区的她们一时难以适应当地的气候,湿度大气温高,感觉到浑身衣服都粘在一起,特别难受。然而,她们从小就立志从事教育事业,深知教师是一种艰苦的职业,姑婆说过,"教书也是一种职业,但比什么职业都难干得多"。她牢记教育是一门崇高的事业,是造就千百万人的重要阵地,尽管遇到的困难重重,她还是十分热爱

图3 1922年刚到南洋从教时拍的照片。她们穿着中国式旗袍气质非凡。左起依次为：张志行、卜蕴辉、叶曜雯、张翰屏。

自己所学的专业，而且终生不渝。

她们目睹了侨界女童失学者多，甚感兴办女学为当务之急，遂决心合伙在泗水巴沙里街创办中国女学。史料记载：泗水中国女学是印尼华侨自筹资金创办的华文女子学校，1931年由卜蕴辉任校长、张翰屏任教务主任、叶曜雯任训育主任，卜校长善于发挥"班长"的作用，注意团结其他三位先生，分工合作，各得其所，校务蒸蒸日上。学校的创办得到当地侨界人士的大力支持，比如，名誉顾问李双辉、黄超龙，泗水华社知名人士林生地夫妇、林钟升、林清芬等。

初时学生不多，程度分四级，数月后，学生增至几百人之多。翌年，因学生数激增，女校已经在当地稍有名气，遂迁移至西多达迪街（怡开戏院旧址），历年筑建礼堂、教堂、图书馆、操场，还增加了幼稚园、宿舍等，学校有了一定规模的同时，设备也日趋完善。加之学校办学理念颇有特色有创意，引起侨界人士称赞和瞩目，纷纷把女童送进中国女学进行培养。

创立中国女学，女学之兴在使女子才德有充分表现之机会，冀以宣扬祖国文化、传统美德，发展女子教育，造就未来的儿童之母。每周举行不同内容的会议，如礼貌、强健、清洁、服从、负责、勤勉、谦和、时事和名人故事等。教师经常举办各种教学研讨会，重视学生的课外活动，比如举办作文、华文和英语演说、书法、音乐、美术、算术等比赛。学校重视学生智力、体力等方面的开发，不断开展童子军、学生自治、体育、旅游、出版壁报等活动，培养全面发展合格人才，为社会服务。特别的是，学校重视女生劳作工艺和职业专修课程，自编竹工教材，有图案设计一目了然，提高职业实用技能，培养一技之长。

图4 过了几年，四姐妹又在同一个地方再一次合影。左起依次为：叶曜雯、张翰屏、卜蕴辉与张志行。

　　我现还保留一张姑婆20世纪30年代初期在中国女学教师办公室的照片（图5），那时候的姑婆年轻漂亮，身着可体鲜艳的旗袍，在阳光下更加明媚灿烂，墙上是"我们的花园"五个中文字，下面图案设计新颖，有鲜绿的大树衬托，树上小鸟欢声笑语，小朋友们尽情地享受大自然美景，有的在吹泡泡，有的在奔跑，整个画面展现出天真烂漫的儿童的幸福时光。这张照片姑婆是很喜欢的，特意放大到四英寸寄给在上海工作的外公留念。

　　太平洋战争爆发以后，中国女学一度停办，学校经费遇到困难，但全校教职员富有献身精神，坚持爱国抗日教育，师生积极参加抗日救国筹赈活动，对学生灌输抗日爱国思想。卜蕴辉校长晚年自豪地说，"中国女学学生没有一个当汉奸的"。1948年，中国女学恢复开办。

　　姑婆身在异邦，心怀祖国。新中国成立后，她每天看当地

图5　20世纪30年代初期，姑婆叶曜雯在中国女学教师办公室一角留影。

的华文报纸，了解祖国尤其是上海发生的翻天覆地的变化。她欢欣鼓舞地对学校师生说："我们扬眉吐气的日子终于盼到了！"将新中国成立的喜讯传播给广大侨胞。1955年4月，周恩来总理率领中国代表团出席于印尼召开的万隆会议，卜蕴辉校长代表全体师生赴雅加达欢迎周总理。当年9月，当地侨胞刘女士应祖国邀请，随印尼华侨归国观光团回国参加国庆观礼，并参加国庆招待会。观礼后，刘女士又去上海姑婆家里，探访外公，参观了工矿企业。姑婆见到了归国观光团的刘女士，激动不已，多少年来虽然她也回国过三次，但距离1937年最后一次也有十八年了，姑婆给外公的信中说："刘女士到上海时，上海市面繁荣，街道都很整洁，是一番新气象，工厂生机蓬勃，人人都为社会主义建设贡献一份力量。"并说："你们的生活也过得舒适，不是我想象的那样，想必你的工厂一定很好。"这是来自海外赤子的情怀。中国女学教师有着中国传统女性的美德，教育学生要热爱学校，热爱祖国，发挥有用才能，为社会、为人类做出有益的贡献。

姑婆五十多岁后身体状况发生变化，每次写家信诉说感到浑身累，白天上课后晚上根本没有精力再继续工作，后来连上课时板书写字也感到吃力，加上泗水气候湿度大闷热，越来越不适应，尽管托人找当地名医诊治，始终不见好转。但她在家信中提及学校又开办了幼稚园，儿童人数猛增，写道："看到儿童新生数特别多，有一百零一人，心里很高兴。一般天真烂漫初从热爱的家庭中跑到生疏的学校里来，难免要哭哭啼啼，加之这里的家庭子女多有仆人看顾，一离仆人便是哭，我想再过一星期他们能够知道学校生活的乐趣，就可免此麻烦了。"家信除了问母亲身体健康，还十分关心弟妹工作子女近况，并

图 6　葬礼当天来了许多学生。

图 7　追思会现场

关照拍成照片寄去。1953年5月的家信仍提及学校近况，说近来校事稍微忙些。一要预备庆祝六一儿童节，二要预备毕业生的毕业典礼，还十分关心国内对于六一儿童节定有一番盛大的庆祝，如能把庆祝情形告她，尤为采用。

姑婆终生未嫁，无子女，一心扑在教育教学领域，实属不易。自奉从俭，待人以宽。她热爱祖国，在国外长期为华侨子女教育事业服务，并做出了贡献，获得爱国华侨的赞扬。1956年6月11日因病在泗水逝世，终年五十八岁。校领导和当地侨界人士为她举行了隆重的纪念仪式，挽联花圈布满了会场。挽联用大号毛笔书写"痛失良师、福寿全英、彤管遗芬、乐园

图8 姑婆去世时，教师在她的墓前合影留念。

图9 中国女学全体老师在墓前合影留念。

安息"。"葬礼、追思会按照教会仪式办理，宾客满立大礼堂中仪式非常隆重，来客千余人大大表扬她的功绩，而且出殡道仪长达一公里。"同姑婆三十八年形影不离的好友张志行写道。这么多人送葬，说明当地的侨界人士包括侨界名人以及自发前来的当地人，都对老师这个职业非常尊重，教师在那里是受人尊敬的，是一个崇高的职业。

2022年是我姑婆去印尼爪哇从教一百周年，作为晚辈的我，拿起手中的彩色粉笔，创作了一幅满含真情的《1922——南洋四姐妹》粉画，色调采用独特，四姐妹身着中国旗袍，缤纷多彩，她们热爱祖国，热心华侨进步教育事业，并为之奋斗一生的精神将永留天地间，为后人景仰！

爷爷曾在达坂城

蒋梦影

爷爷仙逝已经几年了，他生前是济南铁路局生活处的一名汽车司机。

"达坂城的石路硬又平啊，西瓜大又甜呀；达坂城的姑娘辫子长啊，两个眼睛真漂亮……"每每听到这首歌，爷爷总是难掩内心隐隐地泛起的涟漪，一种特殊的情愫在他那耄耋之年，那已失去了原有光芒的眼神儿里流露出来。这到底为什么呢？

眼前这两张泛黄的老照片，就是答案。它的背面用钢笔写着这样的字"在新疆省兰新路勘测时在达坂城工地留影。1956.4.18"（新疆维吾尔自治区于1955年10月1日成立，此处沿用"省"的称谓——编者注）。这让我想起了爷爷曾经讲过的，令他终生难忘的一段往事。

1953年初，二十九岁的爷爷（出生于1924年）由济南铁路分局总务科奉调铁道部第十勘测设计总队，担任汽车司机，赴东北海城、伊春等地定测铁路线。此时正值我国国民经济建设第一个五年计划时期。铁路部门在新线建设方面，将重点放在西南、西北地区，以改变旧中国铁路布局不合理的局面。于是，1956年初，爷爷又奉调到西北第一设计院兰新干线哈乌总队

67

（哈密至乌鲁木齐线）。他的任务是为铁道部的三位苏联专家担当司机，这三位苏联专家是专门给哈—乌线、乌—阿国际干线（乌鲁木齐至阿拉木图）定测的。他们一行十余人，包括三位苏联专家、铁道部有关技术人员、总队领导、铁道部保卫人员和新疆公安厅保卫人员。他们分乘两台嘎斯 69 型吉普车，一台就是我爷爷驾驶的哈乌总队的，另一台是新疆公安厅派来的。

4 月，他们到达达坂城，当时的达坂城十分荒凉，断壁残垣随处可见。据爷爷讲，在荒无人烟，前不着村儿后不着店儿的大荒漠宿营，是常有的事儿。晚上睡觉，保卫人员都要子弹上膛，既防人更防野兽，甚至还上演过惊魂一幕。

那是在离开达坂城继续西进，勘测乌—阿国际干线时，汽车刚刚进入新疆著名的风景名胜、最大的咸水湖——艾比湖湿

图 1 1956 年 4 月 18 日，爷爷（左）和铁道部、新疆公安厅的两位保卫人员于达坂城留影。

图 2 中立者为爷爷

地。突然，汽车陷入泥沼动弹不得，而且连人带车还在慢慢往湿地里下陷，越启动越往下陷，他们一行人就赶紧从车上跳下来，往湿地岸边跑。无人的空车可能是由于减少了载重，也就停止了下陷。他们在远处守候着，一直等到从乌鲁木齐派来的救援车，把陷入湿地的汽车拖了出来。由此可知，野外工作特性，加之西北恶劣的地理和气候环境，虽然国家对苏联专家有特殊政策，但其工作与生活条件的艰苦和风险，也是无法想象的。1958 年底，爷爷奉调回了济南铁路局。

爷爷曾经说，他是新中国成立前的"老铁路"，不仅有幸参与了东北、西北的铁路勘测，更有幸看到了青藏铁路建成和高铁的开通。爷爷还说，岁数不饶人呐，要是再小个十来岁，非坐上高铁体验一把，乘上进藏的列车，再去"定测"一回不可。

重温一张全家福

裴风刚

　　望着这张跨越了半个世纪的已经发黄了的四世同堂家庭合影，不免心生几多感触。20 世纪五六十年代的农村，想要照相，都是事先与串街走巷的摄影师提前约好，并非像当今这样想照就照，举手即得。照家庭合影，得做好一番准备和布置，一是人员要齐全，二是通常要在一面墙上挂个长布幔子当布景，来遮挡那不堪入目的破房旧屋。而照这张合影时虽也挂上了布景，但由于我家成员太多，还是没能遮挡住那旧屋的模样，倒凸显出了我家人丁兴旺。

　　我的老家位于距省城济南三十多里、东南方向山区的涝坡村。20 世纪五六十年代，这里可谓穷乡僻壤，道路崎岖不平，村里人大多都没走出去过，更何况是照相。基于上述原因，我根本没有可能像现在的孩子一样自出生就拍照，以后又拍百日照、周岁照……直到我长到七岁时，由于父亲的安排，才随我的大家庭留下了这幅珍贵合影。

　　这幅合影的珍贵，原因有三：一、它记录了 20 世纪 60 年代初农村的一瞬；二、留下了我曾祖父的影像（前排正中坐者）；三、反映了中国式家族传承的旧貌。而且，从照片上还能读出些许时代信息，如祖父辈的棉长衫、祖母辈的三寸金莲……那是庚子年（1960）的春节，那时我父亲（后排左二胸前戴和平鸽奖章者）正担任着涝坡大队的会计，由于消息灵通一些，早就听说过年期间有来村上照相的，便打算照个全家福。当时我曾祖父已经是八十八岁的耄耋老人了，趁着老人家身板还壮实，邀上老人和他这支的所有后代，无论男女老少，争取全都上相，以留作永久的纪念。

说是全家福，其实并不全，除了缺少出嫁的姑姑、姑奶奶，还缺少曾祖父长子青春爷爷家的大部分成员：一、青春大爷爷老两口当时均已过世；二、青春的长子怀德一家；三、青春次子怀伦。虽然如此，在当时能够聚集起老人家在涝坡的所有后

1960年的全家福。曾祖父（前排正中坐者）由分家过日子的子女轮流侍奉。

代家庭成员，已是很不容易了。及至大年初二，各家的子女们便按照约定相继聚到了老人家居住的这所位于涝坡村中心街的老宅院中。我刚进院时，记得好像已经挂上了这幅带风景的长幔子，大家按辈分长幼，由右至左依次排好，各就各位之后招呼全家人都看镜头，拍下了这张全家福。虽然照相师傅一再提醒看镜头，但曾祖父和一位兄长的眼睛还是瞥向了一边！

由于我自小就对我家的《裴氏家谱》特别好奇，于是经常借来仔细阅读和研讨，以下我根据《家谱》详细解读一下这张四世同堂的全家福。

先从曾祖父裴元浩说起，根据年龄推算，他应该出生于1872年（清同治十一年），他自幼练过武术，颇有些武功底子，故而在我们涝坡村和附近的村庄中颇有些名气。从家谱上看，曾祖父裴元浩是十七世，本是亲兄弟俩，其兄名元和，元和正传父亲十六世裴文训家业，而我们这一支已经三辈子无嗣，但由于有无嗣过继之传统，因而我家这一支才勉强传承了下来。家谱上记载，推上数辈，第十四世裴安常无嗣，从正支过继来十五世正英。而正英仍无嗣，于是又过继来十六世文功，文功仍无后传承，于是我的曾祖父十七世元浩便被过继到文功名下为嗣。就是在这个宅院里，小时候的我听父亲描述人们是这样评述曾祖父的："人不可貌相，海水不可斗量，这元浩是很小就被过继给下院裴文功的，没料到当年他流着鼻涕来到这三辈子绝户的大院后，娶妻生子，竟然一连生了三子两女，承续了一户不算富裕但尚能过得下去的殷实人家。真可谓'山重水复疑无路，柳暗花明又一村'。"而我曾祖父裴元浩的三子分别是：长子十八世裴青春（我大祖父）、次子裴艳春（我祖父）、三子裴瑞春（我三祖父爷）；二女分别是：大姑奶奶嫁到了矿村邢家，小姑奶奶嫁到了东八里洼的王家。

元浩之长子裴青春生有两子一女，其长子裴怀德一家老小当时都在青岛谋生，未在涝坡家中，故而照片中阙如；次子裴怀伦一家五口，只有四口在照片上。因为当时裴怀伦正被派出夫修建历城县重点水利工程卧虎山水库，由于赶工期，连春节也没回村过，因而照片上也没他的身影。由于怀伦大爷一家代表的是元浩长子青春之后代，故而被排在了照片之最右侧，按旧时习俗右为上手，依次向左排至最小。此四人分别是怀伦大娘（二排右二坐者），其长女焕子姐，大名裴凤华（二排最右立者），其次女王子姐，大名裴凤芹（前排最右），其子裴凤成正依靠在其母亲的双腿上。青春大爷爷的女儿嫁到了西路的北井村张家，照片上没有。

元浩之次子艳春（即我祖父）一家，依次是他本人（二排右四）、祖母李商英（二排右三），祖父膝下也是二子一女，长子就是我父亲怀连（后排左二），他参加过志愿军赴朝参战，复员后回村当大队会计；次子怀诚（后排左三），即我叔，当时刚结婚不到一年，她的新婚妻子就是站在我母亲吕润华（后排右二）右边的那位（我婶张吉美），后来我叔干村医数十年，现已颐养天年。我祖父的女儿也就是我的姑姑，排行第二，嫁到了村东北白土岗张家，照片上也无。

元浩之三子瑞春（二排左四，也就是我三祖父）和三祖母（二排左三）也是全家一位不少地上了照片的家庭，三祖父的家庭与其两个兄长的子女都是二子一女不同，是老一辈一子三女，而下一辈又是一子三女。十八世瑞春祖父之子是十九世怀端大爷（三排左一），怀端大娘是二排最左边坐者。三祖父有仨女儿（也即我的三个姑姑），大姑嫁到了本村秦家，二姑嫁到了郑家窝坡郑家，三姑嫁到了西路河圈陈家，由于她们均已出嫁，故而照片中也无。怀端大爷一子三女中的三女儿当时尚未出生，其子就是二十世凤忠哥（二排左二），后来担任秀山小学校长，是村中少有的知识分子，这也是他少见的一张少年照。怀端大爷当时的两个女儿是，长女凤香（前排左侧站立并依偎在其祖父母跟前者），二女凤琴即最左侧伯母怀中的女孩。

笔者二十世凤刚，前排右三站立者，怀连之子，无亲兄弟姐妹，从照片上看，依偎在祖母跟前，一脸的少年稚气，瞪着一双好奇的眼睛正视着镜头。没承想父辈们偶然的一个决定，1960年初春的我家庭的全貌和我的少年影像得以留存了下来。当时正处在三年经济困难时期，能够留下一张全家照，已是很难能可贵了！

在以后的岁月里，这张全家福曾被家人们无数次地翻拍放大，家族中的每个人，及至村里乡亲们每当再睹见它时，都会津津乐道地追问一番、评说一番。可见此照就是我们全家的一份历史见证，弥足珍贵，真可谓传家之宝。

古祠的眷恋

王秋杭

它平凡得犹如沧海一粟，深埋在皖南山区的一座村庄里无人知晓……

那还是 1974 年夏天，我和两位朋友坐在大货车驾驶室的顶棚上去黄山玩。当货车在一座山顶上抛锚时，我拿起军用望远镜向山下望去，哇！好大一片村庄，徽派建筑群重重叠叠，青砖黛瓦，飞檐翘壁，袅袅炊烟，宛如人间仙境一般。我当时就暗暗下定决心，今后有机会一定要来这里创作，一定能拍到佳片。查看地图，我记住了它的地名：三阳坑。

1990 年 10 月，刚走马上任杭州市摄影家协会驻会秘书长的我，带着几位会员乘长途汽车来到这里，仿佛一下子穿越了时光隧道，进入这与世隔绝的、原生态的天地里。随着相机快门声的不断响起，我们一行穿梭在迷宫一样的古宅老巷中……突然，一阵朗朗的读书声从深巷的远处传来，我们循声寻去，一座古色古香的飞檐门楼出现在眼前，牌匾上书写着"歙县中村小学"。进得门来，是一座古色古香的祠堂，推开祠堂大门一望，我们惊呆了：祠堂里整整齐齐坐满了好几排学生，时正中午，一缕阳光从对面屋顶上倾洒下来，在冉冉炊烟的笼罩下

图 1 祠堂小学的学生读书非常用心。摄于 1991 年 11 月。

显得分外明亮。一位身着朴素的女教师正在黑板上写字，阳光洒在这位女教师和学生们的身上，简直就是一幅天然的美丽画卷。我急忙掏出新购的、装着黑白卷的尼康 FM-2，卸下机身上的二十毫米超广角镜头换到彩色机身上。我的经验告诉我：必须彩色、必须超广视角。那个年代用彩色负片是非常奢侈的，因为拍完后不像黑白胶卷那样完全可以自己洗印，是要拿到彩扩店里花钱洗印的。当我从取景框里看到这逆光效果非常棒的

图2　三十三年前，我用刚买的尼康20毫米超广角镜头拍下了这幅取名《阳光下》的作品，并把镜头借给一名会员海森，也在这个角度拍摄了相同的一幅。他的那幅取名《希望》，在当年某"富士胶卷杯"全国摄影比赛中获得月赛金牌。摄于1990年11月，安徽歙县三阳乡中村小学。

图 3 洪氏祠堂的石刻非常精美，这里成了孩子们的乐园。摄于 1991 年 11 月。

图 4　课间休息。摄于 1991 年 11 月。

图 6 孩子们很爱惜学习用品。摄于 1991 年 11 月。

画面时，胸有成竹地按下两张后，把二十毫米超广角镜头从我的相机上取下，交给站在我身边的海森，并从我的摄影包里取出星光镜交给他，让他站在我同样的角度也拍一张。海森当时刚当选杭州市摄协的理事，有个别会员向我反映说海森没有像样的获奖作品。在那个以获奖作品排座次的摄协初级阶段，这是个问题，我也把这个意见向海森匿名转达了，所以眼前是个很好的补救机会。当晚，我们住在大埠长途汽车站公路边八块钱一个床位的大埠旅馆里，我买来当地的土烧酒和花生米，为海森预祝获奖……果然，海森这幅取名《阳光下》的作品一举夺得全国富士胶卷杯摄影大赛的金牌，获奖金两千元。海森豪爽地在楼外楼摆了一桌，算是对我的酬谢。

那一年旗开得胜后，三阳坑中村祠堂小学一下子出名了，每年我们协会的秋季创作，我都要带会员们去那里摘金夺银，

图7　孩子们在观赏我们为他们拍摄的照片。摄于 1992 年 11 月。

图 8 洪氏祠堂檩上的牛腿。摄于 1991 年 11 月。

几乎每年都有获奖喜讯传来。而我作为协会摄影创作的组织者，深知不能在摄影比赛中与会员们一争高下，于是开始了另类地、独自地思考和拍摄，所以我来到了这位女教师极为简陋的备课办公室。她叫洪杏华，是民办教师，这个祠堂小学原来是洪氏祠堂，因为村里没钱盖校舍，只好把学校办到祠堂里。她教的四十多名孩子是三个年龄段班级凑在一块儿的复合班，分学前

图9 长途汽车内的车况。摄于 1993 年 11 月，杭州至歙县长途
汽车上。

图10 午休。摄于 1994 年 11 月。

图 11 洪杏华老师在备课。摄于 1994 年 11 月。

图 12 洪老师在烧菜，她丈夫在烧火。摄于 1994 年 11 月。

图 13 洪杏华老师家里养的猪。摄于 1994 年 11 月。

图 14 "贫困地区义务教育工程"终于开始动工。摄于 1995 年 11 月。

班、一年级和二年级。大家都挤在一起上课。洪老师教一遍学前班，再教一遍一年级，再教一遍二年级，再回过头去教一遍学前班，如此反复着……孩子们没有体育课、音乐课、美术课等课目，下课了孩子们就尽情地在祠堂里玩耍。她当时三十六岁，已执教十年，月津贴才四十多元。丈夫是退伍军人，长年在外跑运输。她有一个儿子和一个患有脑封闭症的侄儿要抚养，不但每日三餐饭要做，而且还要养猪、种菜……为了能转为公办教师，她还要抽出时间去休宁师范学院进修。有一天中午，我提出要到她家去吃中饭，她非常欢迎，要骑车去老街买点肉。我说不用麻烦，你们家吃啥我就吃啥。说完，她就让我坐在她自行车的后座上骑车去了她家。车过老街，正好遇到会员们在

图15 这是另一村的祠堂小学门口。摄于 1996 年 11 月。

隆华饭店门口坐着等开饭，一阵哄笑被她甩到了车后……

她家的伙房和猪圈连在一起，破旧得几乎是危房。她丈夫正好在家，老远见到妻子带着一位身挎相机的陌生男子，他十分惊讶。洪杏华向他介绍了我之后，他立马拿出了一瓶当地的土烧酒，并帮她烧火，她非常麻利地炒了一碗自家地里种的萝卜和一碗炒黄豆。我就着香喷喷的黄豆，和她老公喝完了整整一瓶土烧酒，说了整整一桌子的话。

年复一年，一批又一批会员因在这祠堂里的创作获奖，成了省级或国家级摄影家协会会员，有的因此评上了职称、加了工资、分到了房子……海森还考进了某省级报社当上了专职摄影记者。可是这座洪氏祠堂却没有丝毫改变，我们这些家伙为

图 16 墙上的标语。摄于 1996 年 11 月。

这所祠堂回报了什么呢？除了给孩子们带来一些学习用品、书籍外，什么都没有。而这所祠堂，逐渐成了危房……记得早几年来的时候，祠堂的老保管指着祠堂上那两个硕大的狮子滚绣球的木雕牛腿向我炫耀道："城里收古董的出价每只五百块，我都没卖给他。"

一晃十六年过去了，我为了协会的工作，每年不得不带着一批又一批，甚至是全省的部分骨干会员来这里创作。同时，我的内心也越来越感到内疚，因为不公平。我们这些家伙在这里"扫荡""摆拍""导演"了不少"佳"作，洪老师为了让我们尽情地创作，甚至完全停课。我当时逐渐看清了和获奖完全相反的另一条路，就是用我这些年拍摄的照片，把这所祠堂小学的一切报道出去，让更多的人都知道、都来关心。2007年，我的《憾系古祠》系列作品终于在《中国摄影报》举办的专题纪实摄影作品比赛中获得年赛佳作奖第二名，我的这些思考终于发出了和获奖相反的声音。之后，我又在《摄影周刊》《华东旅游报》等报刊上，以"山村教师洪杏华"为题发表系列照片，并把这些报刊的复印件寄给洪杏华。我不知道是否因为我的这些报道引起了有关方面的重视，但我终于看到三阳老街中段的北面很大一片土地筑起了围墙，拉上了"贫困地区义务教育工程"的横幅。当我拍下这里最后一张挂着白色横幅的照片时，我的双眼湿润了，为了这座祠堂、为了这群孩子们、为了洪杏华们，也是为了我这颗遗憾而内疚的心，我感到了些许的安慰。

王群镜头里的昔日青岛

薛　原

　　王群是《青岛日报》的摄影记者。在四十多年的摄影生涯中，他为青岛留下了海量的街头抓拍照片。与他刊布在《青岛日报》上的新闻图片相比，大量的摄影作品长年沉睡在他的底片库里。这些当年不宜以"新闻"面世的照片，现在回望，恰恰具备了更为深刻的历史价值。这一张张80年代青岛城市的真实记录，是为王群自己，也是为青岛这座城市留下的一宗宝贵的影像文献。

　　用王群的话说：摄影，让他"遇见"了青岛这座美丽城市的变迁，遇见了城市变迁中城市生活的活力与向往，遇见了时光里老百姓的柴米油盐，遇见了风俗画般各行各业的人文趣事……"摄影即生活，摄影即遇见"。这是王群背着相机走上街头的职业缘由和内心理由。或者说，他当年拍摄的每一张照片留存的都是时代的缩影。他每每梳理这些黑白胶片，都仿佛是在岁月穿梭中与时光会面和对话，都禁不住对往日莫名的叹息和对当下由衷的赞叹！

　　看王群的这些老照片，犹如重温20世纪80年代熟悉而陌生的青岛，那些我们熟视无睹的在城市的扩张中因时光碎片化而消逝的风景，我们不能不感叹时光的力量，或者说不能不感叹城市街头的变化，我们是在怎样的日新月异中让城市变得陌生而冰冷。老照片里的青岛，留下了那个时代的街头场景，也留下了那个年代的生活场景。譬如王群拍摄于80年代末的青岛火车站（图1），镜头里是一群小学生正在站前广场清扫卫生。当时的青岛火车站广场，每当火车到达后背着大包小包的旅客走出站台时，"拉客人"便蜂拥而上，各显其能地向客人推介旅馆，从中赚取中介提成（图2）。今天再看当时的青岛火车站，更多的是复杂的况味，老火车站的那栋德建老楼承载着几代青岛人的记忆。始建于1899年的这座火车站，是德国人留给青岛的标志性建筑之一，也是国内靠海最近的一座火车站。一

图1　20世纪80年代末的青岛火车站

图2 "拉客人"

图3 1988年的中山路上的国货公司大楼

直到 20 世纪 80 年代末，青岛火车站的老楼依然如故，看到照片里的站前广场，就想起当时在广场上排队等着检票进站的情景，而那栋城堡式老楼的尖顶，还有老楼颜色斑驳的花岗岩墙体，像是被岁月打磨得失去了棱角且已经裹上了时光的包浆一样。消逝的老青岛火车站，连同这个城市里的许多风景，已经成了青岛人难以忘掉的昨日的隐痛。

再如，拍摄于 1988 年的青岛中山路上的国货公司大楼（图

图4 国货公司大楼的内景

图 5 1995 年，中山路外文书店。

3）和国货公司大楼的内景（图 4），这栋繁华一时的大楼在 90
年代初被拆除。今天走在中山路上，已经很难想象当年火热的
中山路了。一座城市的街道，尤其是有了历史的老街道，集聚
的人气不是一天两天能够形成的，但是，若是失去，却很容易。
而中山路的凋零，就是从砍掉路边茂盛高大的法桐开始。还有
王群拍摄于 1995 年中山路上的外文书店里的一角（图 5），今
日看来更是令人感叹不已：从 80 年代一直到 90 年代中期，中
山路上新华书店旗下的三家书店——中山路新华书店、外文书

店，还有古籍书店——几乎成了青岛书店的典型风景。而1995年，也成了青岛书店风景的一个转折点，也就是在1995年前后，青岛的人文独立书店开始出现。现在的中山路，已经没有了新华书店的踪影，而当时新华书店所在的大楼已在90年代末被拆除，而在原址兴建的高楼至今依然烂尾在那里，成了今日中山路落寞的一个象征。

1988年拍摄的湖北路国营粮店前的场景（图6），更是那个时代的典型：在粮店窗口买馒头的队伍长得拐了一个弯，那时粮本和粮票已经逐渐退出我们的日常生活。在我的记忆里，一直到1985年，去外地尤其是北京出差，还要带着"全国粮票"，否则到饭店里买水饺都成问题。而当时到南方，譬如苏州杭州，吃饭已经不需要拿粮票了。国营粮店的概念又是何时

图6 1988年，湖北路国营粮店排队的市民。

图7 在饭店吃饭，不仅付款还要付粮票。

消失的呢？我们往往对身边许多消失的事物没有印象，或对一些现象熟视无睹。还有当时中山路上的这家国营饭店（图7），一进店门，"为人民服务"五个大字牌匾格外醒目。旁边的墙上贴有服务提示牌：店内设公平秤、针线包、算盘、扎口绳等便民服务项目，一应俱全。国营饭店大部分是由20世纪50年代公私合营改造而来。在计划经济年代，粮食由国家统购统销，一般是不允许私人开饭店的。那个年代，在饭店吃饭，不仅付款还要付粮票。

也正是在 20 世纪 80 年代，个体饭店和小酒馆重新出现在青岛的大街小巷，例如王群 1982 年拍摄的四方路上那些小啤酒屋：饮用的散啤酒来自专用金属啤酒罐，青岛人称之为"炮弹"。小桌子、马扎子、五毛钱一罐头瓶啤酒，还有五香花生米——这是当年小啤酒屋的真实写照（图 8）。那个年代最体现"个体户"精神的就是与中山路邻近的即墨路小商品市场的小摊贩，而王群的这张照片（图 9）就给当时的小商品市场留下了一个侧影：中午时分，一位女摊主一边织着毛衣，一边等待顾客。这些款式新颖的墨镜，代表着当时的时尚潮流。随着个体户的逐渐壮大，紧跟而来的就是城市管理，例如公安、工商等部门的联合执法，不断对青岛车站、码头、道路等处乱设点

图 8　1982 年，青岛四方路上的小啤酒屋。

图9 即墨路小商品市场

图10 街头的执法人员

摆摊的个体工商业户进行清理和整顿……（图10）

再如1986年冬季青岛市民在街头购买大白菜的场景（图11），当年居民楼里狭小的楼梯道里垛满的大白菜与蜂窝煤是冬季寻常的一景。那些城市市民生活中须臾难离的粮店、煤店，都已经从我们的视野里消逝。王群的这些老照片里呈现的场景，在今天往往已经消失或发生了巨大的变化，但是，他当年拍摄的人们在湖北路粮店前买馒头排长队的场景，却依然并不陌生，同样的地点，同样的长长的拐过弯的队伍，依旧在这家已经换了字号的粮店前上演着，只是现在排队买的是号称"老味道""老配料"的各式面包，这里只收现金，拒绝手机支付。

再看1987年青岛费县路中心煤店现场生产蜂窝煤的照片（图12），更是远去的风景。在我的记忆里，我少年时的70年代普通人家日常做饭和冬天取暖，主要还是烧散煤，一直到80

图11 1986年冬季，青岛市民在街头购买大白菜。

图 12 1987 年，费县路中心煤店现场生产蜂窝煤。

年代初，才在日常烧开水时用上了蜂窝煤炉子烧蜂窝煤。80 年代我参加工作后，到了冬天，我当时所在单位部门里年轻人的一个主要任务就是帮助老师们买蜂窝煤，一群年轻人后边推着前边拉着装满蜂窝煤的小车一家家送，然后一块块蜂窝煤被整齐地堆叠进小煤屋里，那时单位宿舍楼下，往往有一排小煤屋，用来专门堆放蜂窝煤。

拍摄于1989年的安徽路公园自发的换房交易的场景，也是那个年代的特色（图13）。这个公园在1999年已改名为老舍公园，是青岛市较早形成的一处民间自由换房交易的场所。每逢星期天，前来交流换房的人络绎不绝。在房屋没有被商品化的时代，改变居住环境基本只有两个渠道：一是分房，二是自发于民间的换房。这些公园，在那时也聚拢了越来越多的人气。一位"气功大师"正在给一位市民隔空"发功"（图14）。当年，气功热风靡全国，市区内随处可见练功的场面，有些人对气功的迷恋达到疯狂痴迷的程度。当然，公园里更多还是休闲的市民，例如这张拍摄于青岛居民密集区的海泊河公园里的一角（图15）：附近的退休老人在此唱戏、聊天、遛鸟、下棋、打牌，这几位老人将鸟笼往树枝上一挂，马扎子一支，"够级"开始了。打"够级"是青岛流行的一种扑克玩法，六个人结队

图13 1989年，安徽路公园自发的换房交易。

厮杀，在当时，王群和同事之间也喜欢打"够级"，输二分戴纸耳环，串"三胡"输六分就穿上用报纸抠洞的衣服。"打够级"风靡青岛，公园里、广场上、马路边……到处可以看到打"够级"的场子。

现在已经习以为常的许多场景，在当时看来还是新鲜事物，例如在一些公开场合出现的模特表演，从照片里可以看到那个年代新鲜事物出现时的"青涩"：几个模特出现在青岛一家商场的开业仪式上，模特穿着当时流行的弹力紧身裤，进行"衣

图 14 "气功大师"

图 15 退休老人的娱乐

图 16 模特"衣着秀"

图 17　和兴路的婚车车队

图 18　交警在马路上指挥"三蹦子"车。

着秀"（图16）。而那个年代的婚礼，也开始出现婚车车队：青岛和兴路，一对新人的婚礼，河沟岸上一排红色出租小轿车，正等待新人"上轿"（图17）。那时出租车刚开始普及，青岛马路上除了公交车之外，还出现了个体经营的"小公共"车，既跑公交，又跑崂山旅游。"小公共"线路固定，站点不固定，人们招手即停，抢客拉客是常事，也引起许多非议……到了90年代末随着城市公共交通的发展，"小公共"逐渐退出人们的视线。当时，在出租车之外，还有一种"三蹦子"车也扮演着出租车的角色，这张交警在马路上指挥"三蹦子"车的照片（图18）更是留下了一道消逝的风景。

青岛栈桥与青岛日报社隔街相望，王群自然也拍摄了许多栈桥一带的照片，往往在节假日，更是他拍摄游客逛栈桥的日子，例如他拍摄的春天里青岛栈桥的游人（图19）：一群头戴

图19 栈桥的游人

围巾的农村妇女格外引人注目，她们来自淄博的乡下，村里派出专车组织老人来青岛观光游览，她们当中年龄最大的八十一岁。而在栈桥上，还出现了一个自发的群体，这就是栈桥上的照相人（图20）：当时，栈桥有很多以照相为业的摊户，旅游季节生意火爆。但是，随着数码相机、手机的普及，曾经红火的照相业务已今非昔比。

王群拍摄于1991年的这张青岛沧口路通往市场三路之间的阶梯的照片（图21），给20世纪80年代的青岛画上了句号：从青岛沧口路通往市场三路之间，有一条五六十米长、用花岗石筑成的大台阶，市民称其为"大楼梯"。在台阶上，长年聚集着一些占地的卦摊，他们在此为人算命、测字、看手相谋生。虽被取缔多次，仍顽强地存在。青岛有石头台阶路一百余条，由于特殊的地理构造和人文历史，形成了这种独特的城市台阶文化。

图20　栈桥上的照相人

图 21 1991 年，沧口路通往市场三路之间的阶梯。

　　王群作为新闻摄影记者的职业生活虽然结束了——他现在已经从报社办理了退休。但是，他的摄影生涯仍然没有结束，就如他所说：摄影，让他一次次遇见；摄影，也计他一次次体验；摄影，也是他一生的修行。最重要的是，王群说：他爱摄影！因为爱，也就有了一生的动力和最好的理由。用摄影为城市记录生活，也就是为城市记录真实的历史。

人生味况

八千里路水和月（下）

——我的童年

马庆芳

在香港祖父大宅院里，除大姑姑马彣在杭州外，我们第一次见到祖母郑心如，大叔马蒙以及马彰、马彬和马彦三位姑姑。三代同堂，相聚欢乐而热闹。我们参观了祖父"老学斋"的藏书室，一万八千余种近三万卷藏书让我们大开眼界，但我们小孩只翻看了几本带绣像的《三国演义》和《水浒传》线装书。这些藏书以后由新加坡国立大学和美国弗吉尼亚大学收购。祖父和祖母很喜欢我们，送给我们每人一块手表，当时手表可算是奢侈品了。

马蒙叔毕业于燕京大学社会学系，毕业后参军抗日，战后曾在伦敦政治经济学院从事研究工作，后来担任香港大学中文系主任，长达十八年。他是香港中国语文学会和香港翻译学会两个爱国学术团体的主要创立者之一。不少外国的外交官都是他的汉语学生。蒙叔为人正直厚道，谦和低调，兼具东方君子和西方绅士的素养和风度，在香港学术界和上流社会人缘好、朋友多。蒙叔还热心帮助内地亲友解决不少困难和问题。他具有纯洁的理想主义和爱国主义情怀，受父亲影响，他也参加了许多不为人知的、有关新中国的工作，是全国政协委员、著名爱国爱港人士，曾多次受到国务院罗青长副秘书长接见。

二叔马豫是空军轰炸机驾驶员，他在台湾时，常来我们家，他反对内战，脱离空军来到香港，后参加两航起义回到新中国，参加民航和空军的工作。他是新中国航空物理探矿的开拓者，对大庆油田的发现有重大贡献，"当时由机长马豫，领航员杨宏量等人组成机组……完成测量面积约二十万平方公里……利用这些资料并结合地质钻探工作，指出现今为大庆油田等一系

图1 全家福。1949年12月摄于香港祖父宅前。第一排左起依次为：马蒙之女马捷芳、马秦芳；第二排左起依次为：马重芳、马津芳、笔者、马豫之妻商亦勇；第三排左起依次为：四姑马彦、马蒙之妻黄文秀、马鉴、祖母郑心如、母亲翁景素、三姑马彬；第四排左起依次为：马咸、马临、马豫、马蒙。

图2 1949年12月，我们一家在香港祖父家门前合影。前排左起依次为：笔者、津芳、重芳；后排左起依次为：父亲、母亲。

列油气聚集带，从而否定了中国贫油论"（《当代中国的民航事业》，当代中国出版社2020年版）。1981年中美首次通航，马豫是中国航空公司驻旧金山办事处经理。

小叔马临1952年赴英留学，五年后获得生物化学博士学位。他德才兼备，1978年至1987年两任香港中文大学校长。1985年又担任香港特别行政区基本法起草委员会委员，并兼任该委员会中区旗、区徽图案评选委员会主任。1982年6月5日邓小平接见马临，听取香港回归的意见，陪同接见的还有廖承志。临叔对香港顺利回归祖国尽心竭力贡献良多。此外，他还是香港著名爱国企业家邵逸夫先生众多项教育卫生项目捐赠资金的主要执行人。逸夫先生二十年间共向内地六千多个项目捐赠四十七亿港元，其中重大项目临叔都参与建设，力促顺利完成。马临也是全国政协委员。

在离开香港前，父母还在左翼书店买了一些港版进步书刊，我阅读过其中两本，其中一本是苏新（曾任全国政协委员）著《愤怒的台湾》，另一本是《北京人物志》（因年代久远，书名可能不准确，作者也记不清了）。读第一本书，我知道了台湾历史和近况，这本书提到美军侵吞黄金案，但对此事的记述多有差错。第二本书给我留下深刻印象的是《中国少年报》以"我长大了做什么"为题，向小读者征文，北京市小学生孟克勤荣获第一名，北京市市长在颐和园接见他予以鼓励。小学生竟能成为"人物"，我感到很新奇，想不到一年以后我和孟克

图3　马蒙教授和他的研究生。摄于香港大学。

勤相遇，成为高小和初中同班同学，而且志趣相投，成为终身挚友。

　　1949 年 12 月 23 日，母亲带我们三兄弟乘捷胜轮从香港返回内地，这艘三千吨的客轮在海上行驶了九天到达天津市，调查部天津办事处吴同志上船迎接。母亲向他汇报工作后，我们免检出关，入住姨妈翁心蕙家。

　　到达解放区，感到特别安全、轻松和兴奋。在天津的十余天，姨妈教我们学唱了多首革命歌曲，这些流行的"红歌"，歌词充满革命精神，鼓舞人心，富含教育意义，歌曲雄壮有力，很容易记住，一学就会，至今仍记忆犹新。姨妈家没有收音机，也没有订报纸，这些革命歌曲就是我们人生第一堂革命教育课。

图4　马蒙叔婶与笔者全家合影。1984 年 6 月摄于北京贵宾楼饭店。左起依次为：婶郑慧瑛、马蒙、笔者之子马捷、笔者、笔者妻项立成。

图 5 邵逸夫先生首次向国家教委捐赠。这是仪式现场。讲话者为邵逸夫，右侧为马临。

"……团结就是力量，这力量是铁，这力量是钢……向着法西斯蒂开火，让一切不民主的制度死亡，向着太阳，向着自由，向着新中国，发出万丈的光芒。""山那边哟好地方，一片稻田黄又黄……大鲤鱼呀满池塘，织青布呀做衣裳，年年不会闹饥荒。山那边哟好地方，穷人富人都一样，你要吃饭得做工哟，没人给你当牛羊。老百姓呀管村庄，讲民主呀爱地方，大家快活喜洋洋。"我们幼稚纯洁的心灵很快就接受了民主、自由、平等和劳动是追求的理想，是革命的目的，反之独裁、专制压迫剥削是我们反对的，是革命的对象。人生观、价值观就这样建立起来。

　　四祖父马衡是我们全家人最敬爱的长辈，他不但品德高尚，学养深厚，为人公正，待人友善，而且思想与时俱进，热烈拥护共产党新中国革命事业，赞赏父亲参加革命工作。四祖父敬

图6 四祖父马衡晚年像

重翁文灏，两人工作联系颇多，他乐见马翁两家联姻，对待我们特别亲切，对我们入学、办理户口、搬家劳务都热情相助。

父母经常去看望四祖父，有时也带我们兄弟或我一人同行。到北京不久后就是春节，我们除夕和春节都是在四祖父家过的，这是我们兄弟第一次见到四祖父。四祖父家在东城区小雅宝胡同48号，院子很大，院内走廊靠墙处摆放着很多石碑和石刻。其中一个约四十厘米高的石制大耳朵，给我的印象很深，这是南京栖霞山"南朝四百八十寺"一个石佛遗留的残件，当时这宏伟的石佛应当有两三层楼高。客厅挂着徐悲鸿画的四祖父肖像。院内还有一栋两层小楼，二层四间房间收藏文物和书籍。四祖父家保存了许多本十位子女幼时的读物，我们经常借阅这些民国版书籍。除阅读外，四祖父还把我们带入故宫博物院。作为院长，他常赠送我们故宫博物院免费参观券，这些参观券都不是单张，而是多张合订为小册子的，我们常和同学一起去参观。那时故宫游人不多，我们可以按东、西、中路分次细看。我们最感兴趣的是青铜馆和钟表馆。三千年前商周时代的青铜重器体形巨大，造型精美，还铸有文字，真不愧是国宝重器。钟表馆陈列有许多二三百年前欧洲各国制造的时钟，这些"西洋奇器"可以借助弹簧力或重力运行，还能自动报时并使钟内的小人、小动物或门户等自动运行表演，观众无不啧啧称奇。钟表馆还定时开动表演，看到这些，我们在感到欧洲科技进步的同时，也为近代中国的发展停滞而痛心。这使得我们养成了参观博物馆学习文史和科技知识的兴趣。

近年出版的《马衡日记：1948—1955》，以四十二万字较详细地记录了解放前后四祖父人生最后六年的工作、生活和与亲友的交往情况。从日记可以看到，我们家是和四祖父交往最多的亲戚。日记中四祖父不记录随大人来家做客的未成年人名字，只有我和重芳两人例外，我的名字出现得最多。在四祖父去世前三个月，他住在医院治疗肺癌，我独自骑自行车带着母亲做的鱼去看望，日记记曰"胃纳仍滞，庆芳送鱼来"。一个多月后的春节，"咸侄偕景素、庆芳来拜节"。想不到这就是我和慈爱长辈的永别了。四祖父对我关爱有加，是对我影响教育最多的祖辈及亲人。《马衡日记》多处翔实记录了我们家的有关事宜，打下了时空"印章"。

1950年1月初我们来到北京市，暂住在协和医院东夹道1号三舅翁心植家中。当时三舅还是主治医生，收入不高，结婚生子后经济较困难。三舅的老师和领导、中央人民医院院长钟惠澜（1901—1987，内科专家，中国科学院院士），主动将自己的房产无偿借给三舅居住了数年，足见老一代中国知识分子的慷慨大度和对青年英才的培养关怀。三周后，我们又迁至东四北七条（魏家胡同）。《马衡日记》记载："一月廿七日（星五）晴。景素已借居于东四七条马姓家，嘱为其证明身份备报户口。"房主马先生是三舅的好友，是经营制革业的企业家。其祖先为大营造商，曾承包晚清颐和园修建工程，获利不菲，还用与颐和园相同的建材为自己在东四建造园林式豪宅。我们借住的院子只是豪宅被后人分割后的一部分，院子里有假山、

图7 翁心植全家合影。1949年8月20日摄于北京。照片背面题曰："全家图一张赠咸哥大姐惠存弟心植荷平率子一九四九.八.廿"。此照1949年9月由父亲带到台北。

水池、长廊、花木，就像"大观园"。马先生未婚，居住在院内后建的一栋西式小洋楼里，室内有暖气、卫生设备和花砖地，我们住在他已不使用的原建中式客厅。客厅为正方形，总面积有七八十平方米。北侧有两间隔开的耳房，每间十余平方米，是待客的小餐厅和小卧室。室内配备的都是讲究的红木家具。

客厅中挂着翁同龢书写的对联，当时电影《清宫秘史》正在热映，我们从电影中知道翁是晚清著名的正直大臣。宽广的客厅成了我们的游乐场地，在一个太师椅坐垫下面，还翻找到几本老式连环画小人书，让我们意外惊喜。借住两个月后，我们租住到西四北头条礼路胡同19号。《马衡日记》载："三月十六日（星四）。晴。……午间景素来，言已觅得新居于西四礼路胡同廿□号，商偕玉襄（马衡家男工）搬运杂物，允之。"

经四祖父马衡介绍，我们三兄弟作为插班生考试进入孔德学校，大哥六年级，我俩四年级。该校建于1918年，设有小学部和中学部，还曾经策划建立大学部而未果。创办者蔡元培、李石曾、沈尹默、马衡、钱玄同、马廉等人都是北大教授，很多北大教员如周作人、刘半农、徐悲鸿、黎锦晖、杨晦、冯至等都曾兼职授课。蔡元培曾担任校长，马廉曾任总务长兼图书馆主任，主持日常校务，为学校收集了不少珍贵的古籍文物，其中以汇集大量戏曲和曲艺演出抄本的"车王府曲本"及清皇室玉牒最为著名。学生也多是北大职工子弟，这里像是一所"北大附中"。该校还曾开展中法交流，引领教育进步，成为民国教育的一枝奇葩。我们入校时，孔德已度过了全盛时期，校领导沈令扬和钱秉雄是沈尹默和钱玄同之子，二人都有很高的学历和丰富的教育管理经验。我的北京师大附中同窗中有四位孔德校友，他们都很优秀：海锦涛（曾任机械科学研究院院长）、鞠庆祺（曾任国有资产管理局局长）、张洪宇（北京华文学院教授）、陈伟兴（企业家）。我们都是好朋友。

半年以后，我们三兄弟分别从孔德高小和初小毕业，大哥考入辅仁大学附属中学，我俩考入北京师范学校附属小学（简称"北师附小"，现名北京师范大学京师附小），该校是始建于

1883 年的名校。校舍是北京传统的四合院，教学设施一般，但教育水平一流，作家王蒙、李陀（孟克勤）、导演陈凯歌都曾是本校毕业生。除李陀外，同学王今忠、何光皓（何安生，何长工之长子）、魏道峻、陆宁、周中心都是我的发小、终身好友，我们兄弟努力学习，追求进步，都担任过少先队中队长。

北师附小当时没有图书馆，所幸文津街的老北京图书馆离我家不远，只有两站路，他们暑假在院子里开设了露天儿童阅览园。这家图书馆主楼为大屋顶琉璃瓦，犹如宫殿，院子里嘉木芳草，像是公园，但阅览园内多是连环画小人书，不能满足我们的阅读要求。附小两年我们在家认真阅读了范文澜先生的《中国通史简编》，这是革命干部的必读书。我看的是东北新华书店出版的延安原版本，上、中两册约四十万字，全景式地写出了从原始社会至鸦片战争中国政治经济军事文化状况，观点合理，语言通俗，叙述简明，很吸引人，我们首次接触生动的中国大历史长卷，看得津津有味。记得那时我常常向家里保姆刘妈要三分钱，去买二两酸枣，这是最便宜耐吃的水果，边吃边看，十分享受。因为年纪太小，对书中"阶级斗争和农民起义是社会发展进步"的观点并不十分理解，但对岳飞、文天祥、魏徵、班超、张骞、屈原、杜甫等爱国军事家、政治家、探险家、文学家极为敬仰。这是人生第一次阅读经典著作，对我影响很大。

1950 年 6 月爆发了朝鲜战争，金日成的部队先胜后败，以美国为首的"联合国军"直逼鸭绿江畔。10 月 25 日，中国人民志愿军为抗美援朝，保家卫国，举国高唱："雄赳赳，气昂昂，跨过鸭绿江。保和平，卫祖国，就是保家乡……"全国掀起声势浩大的抗美援朝运动，我们少先队员也同仇敌忾，唱起

图8 1950年10月，母亲与三兄弟合影于北京。后右为笔者。翌年5月，母亲担任北医人民医院院长办公室秘书，直至退休。

老师教我们的歌曲："小朋友，小朋友，大家拉起手，团结在一起，勇敢向前走。举起我们的拳头来，要把美帝打趴下。打死他，打死他，不打死他不放手！"虽是儿歌，但战斗性超强，至今还记得很清楚，开口便能唱。我们少先队员在队日中糊火柴盒，将得到的工钱捐献出来购买战斗机，支援抗美援朝，《中国少年报》记者还来学校采访此事。我给志愿军叔叔写过不少慰问信，还很幸运地接到志愿军叔叔吕文俊的回信，与他互通书信成为朋友。志愿军回国后，他进入北京中央团校学习，我们高兴地见了面。他是一位体格魁梧、军人气概十足的解放军大尉军官，驻地在江苏。

其间还有一个必须提到的事件，因为这件事情启迪我时时刻刻都要"分辨真伪，防止受骗"。北师附小请了一位志愿军给全校师生作"亲历朝鲜战争"的报告，他在台上讲了许多

"故事"，说志愿军抓了美军的俘虏，当场枪毙，这一细节引起我和几个同学的注意。报告结束后，我们问老师：解放军"三大纪律八项注意"规定"不虐待俘虏"，志愿军怎么会枪毙俘虏呢？老师不好回答，含糊地说，可能是因为志愿军战士太气愤了吧。我们仍然不解，过了些日子，弄清楚了。原来做报告的"志愿军"是假的，他是一个政治骗子，已经被捕法办了。真相大白后，老师还表扬了我们"警惕性高"。这件事和老舍先生根据真实案件编写的话剧《西望长安》很相似，只是政治骗子大小不同。

1951 年 3 月，我的堂外祖父翁文灏先生拒绝了台湾"襄理政务"的高官利诱和外国公司的高薪聘请，毅然以"战犯"戴罪之身，回归大陆参加新中国建设。他原是蜚声中外的地质学家，是我国地质学、地震学、地理学、地图学的开创者之一，全面抗日战争时期曾担任行政院秘书长、经济部长、资源委员会主任、战时生产局局长、行政院副院长等职。他恪尽职守，清正廉洁，对战时艰难条件下的工业内迁和生产卓有贡献。爱子翁心翰血洒碧空光荣牺牲，他成为全中国职位最高的抗日烈属。抗战胜利后，他又五次上书蒋介石，"原为对日抗战而参加政府工作，自当为抗战胜利而告退"，坚决请辞各项官职，只担任中国石油公司负责人，要为贫油的祖国献石油，显示了高风亮节，一时人望达到顶峰，有"国宝"之美誉。1948 年国民党召开"行宪国大"，选举蒋介石、李宗仁为正、副"总统"，提名翁文灏为"行政院长"。蒋介石看中的是翁的科学家背景。他没有派系纠葛，工作勤奋，行政能力强，特别是翁在国内外声望高，形象好，可以为政府的不良形象遮丑，而且蒋对翁曾有"救命之恩"和"知遇之恩"，便于控制。在蒋恳请劝导下，

图9 1965年，翁文灏与家人合影于北京。后立者为三子心鹤（1919—2005，高级工程师、全国人大代表）之妻陆国琦，前左为长孙翁维民（毕业于南京中医学院，1988年移居澳大利亚，创业成功后出售公司，游历世界一百三十余个国家和地区，出版了《纵贯非洲四万里》《寻访失落的世界》等三本颇受好评的游记）。

翁勉为其难就任"行政院长"。任职期间，他看到了国民党政府军事经济都濒临崩溃，物价飞涨，民心丧尽，在懊悔自责的心情下，半年后坚决辞职。新中国成立后，翁文灏了担任全国政协委员，为新中国建设和国家统一大业做了有益工作。

父亲1949年底从港返台坚持地下工作，但工作环境日趋严峻和困难。家务女工翁嫂名叫翁马秋，从名字中有马又有翁来看，好像和我们家很有缘分。事情确也如此，从1945年开始她一直在我家工作，相处融洽，有如一家人。她多少也感觉到父亲的工作性质。后来她发现家门口附近经常有几个身份不明的人出没，就把这一情况告诉了父亲。父亲心中有数不动声色，知道被特务盯上了。继老胡先期撤离台湾后，父亲以赴港探亲为由申请离台，得到批准后即抛却家私，轻装成功撤离台北市到达香港。父亲 1951 年回到北京后立刻抽时向去看望四祖父马衡，带去香港祖父的问候和信息。《马衡日记》记载："四月十九日（星四）十四日。阴，时雨时晴晚雨雹……寿同夫妇在家相候，即留饭"。父亲年底去广西贵县（今贵港市）参加土改运动。《马衡日记》记载："十二月九日（星期）十一日。晴，咸侄来，彼亦参加土改工作，将以明日赴武汉、所参加者为十八团，易名吴立"。父亲半年后，即 1952 年 6 月返回北京，带回一些鲜荔枝。我们第一次品这种香甜多汁的岭南佳果，感觉可称其为"百果之王"，留下了深刻印象。

1952 年 7 月，父亲又经历一次惊险且火药味十足的事件——澳门"关闸事件"。澳门葡萄牙殖民政府敌视新中国，在进入澳门半岛唯一的陆路口岸拱北关闸，葡军多次越界向我方军人挑衅，7 月 25 日下午竟向我方开枪放炮，引发武装冲突，在冲突的六天时间内，葡方向我方共发射子弹两万余发、炮弹五百余发，我方给予了有力还击，并封锁关闸通道，断绝了澳门生活物资来源。在葡方主动求和、书面道歉、赔偿损失后，事件得以平息。四祖父在 7 月 9 日的日记中有："咸侄自天津回，将以明日赴广州。闻五弟（马鉴——笔者注）将再度施手术，殊可念也。"父亲 7 月 10 日南下广州去港澳工作，后来在乘公交车前往澳门时，在拱北关闸突遭到葡军开枪射击，司机为躲避枪弹，竟放弃驾驶，伏倒在车厢内。在这危险时刻，父亲急忙跑到驾驶座位，担任临时司机，冒着枪弹纷射的危险，掉转车头，将汽车开回我方，全车乘客安然无恙。

我俩小学毕业后都被学校保送到名校北京师大附中，同时被保送的小学同学还有孟克勤、王今中、何安生（何光皓）、

图 10 2018 年 9 月 1 日，笔者与李陀等老同学合影于北京骏马国际酒店。左起依次为：黄友文、笔者、李陀、陆宁、周中心、刘宜生、项立成。

周中心、魏道峻、宋国平等十余位同学。9 月 3 日父亲带我俩去看望四祖父并汇报学习情况。当时四祖父正受到"三反五反运动"的冲击，停职在家等待分配工作。四祖父坦然对待运动，利用空闲时间在家整理汉石经，撰写《汉石经集存》书稿，并在考古工作人员训练班讲课。四祖父听了我俩的汇报，很高兴，还表扬了我们。在当天的日记上写道："整理《仪礼》《春秋》《论语》毕。咸侄偕其二子重芳、庆芳来，二子孪生聪明才智相著，同入少年儿童队，今年在小学同校同班，毕业又同被保送师大附中，肄业学行皆在水平线以上，亦一时佳话也。"

新中国成立后，四祖父一直受到周恩来总理、郭沫若副总理和文化部领导信任，"三反运动"初期马衡不但担任领导故宫博物院运动的"节约检查委员会"（简称"节委会"）的主任委员，而且在1951年12月17日"文物局召开扩大会，通过局节约检查委员会名单，余（《马衡日记》中自称）被推为主任委员"。但到1952年2月28日运动形势徒然大变，因"公安部得报告故宫分子复杂，据密报有反动分子阴谋纵火"。故宫职工五百余人停止工作专搞运动，集中于公安部两所干部学校，不得回家。四个多月后，马衡和其骨干团队朱家溍、王世襄等人都没有被查出问题，被允许待分配。但朱、王等七名中层干部在7月又同时被公安局逮捕，关押至1954年4月1日，因实在查不出问题，才被无罪释放，但均被故宫除名。马衡在等待了五个月后被免去故宫博物院院长一职，保留了原先兼任的北京文物整理委员会（简称"文整会"）主任委员职务。这个单位主管全国古建筑保护修缮，有职工三十余人。四祖父的行政工作大为减轻，在人生最后两年，对古建筑保护和学术工作努力做出了更多贡献。历史证明，马衡和朱家溍、王世襄人品道德清白、学术水平专精、身后文物捐献丰厚，都是优秀的"故宫人"、文博大师泰斗！

奔波海峡两岸和香港，辗转四处（校）求学的童年生活结束了。

1955年初中毕业后，我和重芳同时被保送直升本校高中。1958年高中毕业后又共同考取当年成立的中国科技大学力学系工程热物理专业。

（全文完）

童年最美丽

小 亢

亚臣二哥只比我大三个月，我俩小学一年级是同桌，应他和二嫂之邀，我来到天津参加他们宝贝女儿的婚礼。我没想到，在这里，除了见到娇媚可爱的新娘和新郎，还能与阔别将近五十年的新娘之大伯、我的小学老师——亚鑫大哥意外相会。

"猜猜看，我是谁？"我站到亚鑫夫妇跟前。

"小妹，你亚臣二哥跟我说了，你会从深圳赶过来。"

"我记得您的个子很高啊！不对、不对，个子变化的是我，不是您……"久别重逢的惊喜顷刻打开了我儿时的记忆闸门。我们这一代是听着《我爱北京天安门》长大的，可乡下的孩子大多没有进过城，更没见过天安门。

"大哥，我记得小学四年级那一年，老师们组织我们小学三、四、五年级的少先队员去北京天安门。那一天，大家起得特别早，心里都特别兴奋，几乎每个孩子都是第一次到北京城逛天安门广场。"

大哥接过我的话茬："记着咱们搭乘的交通工具是洛阳生产的四十马力大拖拉机。在当时，这可是咱村唯一的、最奢华的交通工具，这也是咱们杨镇全公社第一台拖拉机。咱们齐家务当时可是全县的先进村。"

"是啊！我还记着出发前一天，老师们对我们千叮咛、万嘱咐：咱们大拖拉机的后斗就那么大，中间的同学必须坐下。路上有警察，坐在中间的同学不许随便站起来。咱们的人数肯定超载，不能被警察看出来。站在外围的同学，不许随便向外探头、伸手，免得会车时有危险。"

"第二天，当拉着我们几十人的大拖拉机风风光光地经过县城中心的十字路口时，还是被警察看出了破绽。只是为时已晚，他眼巴巴地看着我们从眼前驶过，越走越远。我的记忆里，那个越来越小的警察还用食指好无奈地指了指得意的我们。

"可我现在意识到，20 世纪 70 年代，老师们组织几十个小学生从一百多里外的小乡村出发，进城逛一趟北京天安门，还照了一张大合影，这是多么不容易，简直就是了不起。而亢老师您是这个活动的主要组织者之一。我从心里向您，向老师们致敬啊！"

这天在天津，我是第一次开始管亚鑫叫大哥，因为五十年前都是称呼他亢老师。

在去婚礼现场的大巴上，我们兄妹俩仍一直滔滔不绝。

"大哥，我还记得，那天从天安门回来时，您带我在半路的顺义县城下车，直接报到参加为期三天的师生代表大会。"

"我对这次会议似乎也有一点印象。"

"大哥，这样的会议，貌似后来还有一次。不过那一次，您是把我放在自行车的横梁上，然后您从后边跨上车。您先把我送到杨镇，与在那里的其他学校的师生代表会合，再奔赴县城。记得那次，刚到县城招待所，我就被悠扬的钢琴声吸引。我们几个小姐妹循着琴声走过去，透过一个玻璃窗，看见一个女老师优雅地坐在钢琴前弹奏，一个容貌清秀的姐姐开始练唱《台湾同胞，我的骨肉兄弟》。那是我有生第一次看到钢琴，觉得它的声音好听极了。弹奏的老师和唱歌的姐姐从头到脚都洋溢着城里人的洋气与美丽。会议的内容已经记忆模糊，只记得一个比我还要小几岁的幼儿园小妹妹走到舞台中央，一时记不起该唱什么，又走了回去。小妹妹再走回来时，深情地唱起了朝鲜电影《卖花姑娘》的插曲。她唱得太棒了，雷鸣般的掌声好几次将她的歌声淹没。会议结束该回家了，我第一次学着电影中解放军叔叔背着背包行军的样子打理了行装。

"大哥，我还记得更早些时候，我三年级吧，您带我去几里外的杨镇参加乒乓球比赛。那是您第一次用自行车带着我，您把我放在车横梁上，我当时的个头刚过您的腰吧！"

此时，我的脑海里飞速闪现着五十多年前的村庄、老家、小学校。乡间，一个不满二十岁的大哥哥带着一个八九岁的小妹妹，骑着一辆二八凤凰自行车，时而在田间绿意满满的小道颠簸，时而在宽宽的柏油公路飞驰，还有蓝天、白云、大树、庄稼、田野、和风。那是多么美丽的画面啊！

而此刻，我清晰地意识到，这样的师生之交、兄妹之谊，这样的成长之记忆是多么珍稀、温馨和宝贵！

"大哥，问您一个由来已久的问题。我们小时候，村里、学校经常有演出。唯有荣花、金兰她俩那段朗朗上口的对口词轰动一时，每场必演：'今日齐家务，处处大变样。解放前，地瘦土薄真稀粮，漏房断墙满村庄。……'我一直想知道它的作者是谁。"

"小妹，你今天可是问对人啦！"亚鑫大哥笑了："那个时候，不单是咱们学校，村子里的很多稿件，都是出自我的手笔。"

"天啊，大哥啊，我一直以为自己没有偶像，今天才知道，原来您就是我的偶像啊！"兄妹二人都笑出了声。

"还记得大哥曾教我读一篇发言稿：既畏敌如虎，又横江自视。我当时就是不解其意，怎么都不清楚该在哪里停顿。"

今天才得知，亚鑫大哥当时是村里的通讯报道组长，村里的新闻报道都由他负责。在亚臣二哥和我上小学时，亚鑫大哥又到村小学校兼任民办教师。几年后，他响应国家号召，到艰苦的煤炭行业工作。

五十年过去了，弹指一挥间。而今，大哥亚鑫已从昔日的

天安门前的合影。后排右二是二哥亚臣，前二排左四扎长辫者是小妹亚霞，即笔者，前排左五是荣花、左九是金兰。

翩翩少年破六奔七，而我也从那个黄毛小丫头跨入退休大军。

晚上，回到家中的我兴奋未减，打开陈年的旧箱，翻出了1973年我们在天安门前照的那张大合影。站在后排中间的六位老师自左到右分别是张淑清、苏春玲、刘莲秀、李慧玲、刘占生、亢亚鑫。当时教我们算术、语文的是张天目老师，他因家中有事没能参加活动。我一到三年级的算术、语文都是苏春玲教的，她性情温和，讲话慢条斯理，写得一手漂亮的板书。苏老师在调离村小学回京城之前，曾经想要一张我的照片。只可惜，苏老师这个小小的愿望因我的年幼无知没能实现。亚鑫大哥说，苏老师应该有八十二岁了，不知苏老师现在一切可好？但愿苏老师能够看到我们在天安门广场这张大合影。

在此，由衷感谢老师们带给我们美丽的童年。由衷祝愿我的苏春玲老师、张天目老师、刘占生老师、李慧玲老师、张淑清老师、刘莲秀老师，祝愿我的亚鑫大哥和大嫂，祝愿我所有的老师和小伙伴们健康、长寿、安乐。愿我们的心永远年轻！

我的大学

张聿温

一

1966年"文革"爆发时，我正在山东淄博五中上高一。是时，高三同学已经填报了高考志愿，检查了身体，不意上边突然宣布：高考推迟。两年之后，我们拿上学校发的一张巴掌大的毕业证书，上山下乡去了。

图1 1968年，笔者的高中毕业照。

我那单薄的身影，出现在田间地头，也出现在"戴帽"中学班，还出现在全村群众大会上和公社革委会会议室里。因为我的身份，由回乡知青而普通农民而民办教师而大队革委会主任而公社革委会委员。这个时候还有大学梦吗？我和同学们一个个唉声叹气，心灰意冷，挂在嘴边的自嘲是："我们都是玻璃罩里的苍蝇——前途光明，没有出路。"

图2 1971年，笔者（后排右一）与新兵班战友在武汉合影。

1970年深秋，传来推荐工农兵上大学的消息。与此同时，一年一度的征兵也开始了。命运之神在向我招手，我面临人生的重大抉择。"鱼，我所欲也；熊掌，亦我所欲也。二者不可得兼，舍鱼而取熊掌者也。"什么意思？原来，我所在的房镇公社分到一个山东大学工农兵学员的名额，公社一位领导属意于我，而他的小九九则是，换取我的入伍名额。结果两相权衡，我毫不犹豫地选择了入伍。当时的想法是：上大学，今后也许还有机会，而当兵，因有年龄限制，"过了这个村就没有这个店"了。实际情况在于，当兵是当时青年最好的出路，上大学的吸引力远不如当兵。

于是，我入伍到了武汉军区空军，与大学擦肩而过。

1974年春，空军三年服役期满，我提了干。三个月后，我由湖北随县擂鼓墩——也就是出土震惊中外的战国编钟的地方——调到北京军委空军政治部，成了《空军报》的一名编辑（记者）。

1977年冬，高考恢复。据称，有570万考生走进考场，其中，"老三届"是绝对主力。我的不少同学，就是由此重新坐

图3 1976年，成为《空军报》编辑（记者）后，在空军办公大楼主楼顶层留影。

进课堂，踏上新的人生之路的。

我羡慕他们，也许隐隐还有那么一丝嫉妒，但绝对无恨。

我身在军营，与高考无缘哪！不过，心头那团大学的圣火，却又被"腾"地一下点燃了。

只是，苦于没有机会。

二

两年之后，机会，千载难逢的机会，终于来了！

1980年春，我家乡淄博日报社的张经信老师来京公干，走访新华社时获悉：中国人民大学新闻系受中宣部委托，准备办一个新闻班，专门招收在首都各家报刊工作的年轻编辑、记者。这些人大都是"老三届"，因已参加工作且年龄偏大，失去了高考机会，但大学之门不应绝情地对他们关闭。

张经信老师原是淄博五中的学生，高中毕业后留校当语文教师。1962年，他考入北京师范大学中文系深造，而这一年，我刚入读淄博五中。尽管并无直接的师生关系，但他的学识、文章、道德、人品却令我敬仰，因此见面、写信都以"老师"相称。他简直就是一只"报春的燕子"，极力鼓动我参加人大新闻系这次招生。

我不由心旌摇荡。仿佛，冥冥之中有一个声音在耳畔呼唤："机会啊，抓住它！抓住它！"

我立即把消息报告给社长林毅同志，想不到林毅社长非常支持，要我负责联络一下，并且指示：报社年轻无文凭的同志，尽可能都去报考。

得令之后，我一个电话打到了中宣部新闻局，把意思一说，接电话的同志有些迟疑："是有这么回事。但现在给予报考指标的，都是地方报社，部队还没有一家。"我说："部队报社没有，是因为他们消息闭塞。我们最先得到消息，而且领导非常支持，总有个先来后到吧！"他说："部队和地方不同……"我说："您知道，我们空军报社情况特殊，现在的编辑记者多为年轻人，亟须深造，提高素质。再说，学习又不是别的，地方报社和军队报社没有什么区别。您就给我们一个机会吧！"说最后一句时，我特意加重了语气，近乎恳求了。电话那端略微迟疑了一下，马上爽快地答复说："好吧，给你们十个报考名额，但先不要和其他军队报社说……"我立马连声道谢，明知他看不到，还是下意识地向他鞠了一躬。

时至今日，我还清楚地记得这位恩人的名字：洪一龙。

林毅社长闻讯也很高兴，要我牵头组织一下复习，并指令各编辑处尽可能提供支持。于是，编校之余，我们十名同志迅速组织起来，开始了高考备战。

不知是考题浅，还是我们水平高，反正最后我们参加考试的十人，有七人达到了录取分数线。后来听人大老师说，我的分数最高。

全班同学来自人民日报、光明日报、工人日报、中国青年

图4 笔者的准考证

报、中国少年报、北京日报、北京晚报、空军报、经济日报、法制报、地质报、人民铁道、中国财贸、体育报、机械周报、矿工报等报社，以及中新社、北京人民广播电台等近二十家新闻单位，还有北京市个别单位的宣传部门，不多不少，整整一百人（后来本科毕业八十人）。

班主任兼辅导员是人大新闻系韦凤媛老师，管理员是

北京日报社吴桂林老师。由于这个班属于半脱产，不同于在校生，因此编制上隶属于人大函授学院北京分院。学生中，由于来自北京日报、北京晚报的最多，因此东道主就是他们了。课堂，设在他们办公大楼顶层的大会议室里。授课时间：每周两个半天，两个晚上。中间有作业，期末有考试。考试期间，单位法定给假复习。

学历为教育部承认的本科、大专两种。修满三年课程且考试合格，发新闻学大专文凭，然后考外语（英、俄、日、德、法五门任选其一），通过后方得进入本科学习，修完两年课程且考试合格，发新闻学本科文凭。之所以用五年时间才本科毕业，是因为平时授课时间少于在校本科生的四年，故延长一年。

三

1980 年 12 月的一天，开学了。

课堂蔚为大观。一百名学生按单位鱼贯排列，倒也整齐划一。我们空军报社的七人很炫目，一色军装，坐姿端正，秩序井然，而且平时无人缺课。

听人大老师讲课，真像三伏天喝冰箱里取出的绿豆汤，解渴。

新闻学泰斗甘惜分老师，是 1938 年奔赴延安的老革命，已届花甲，精神矍铄。他讲新闻理论基础，条分缕析，娓娓道来。

报刊史权威方汉奇老师，正值盛年，讲中国古代的报纸、中国近代报刊史，精彩绝伦，笑声不断。一堂课下来，他根本不看讲稿，内容烂熟于心，口若悬河，滔滔不绝。每次上课，我都可以找到小时候在集市上听老艺人说大鼓书的感觉。印象极深的是他讲到梁启超的《少年中国说》，倒背如流，声情并茂。类似这样对经典之作的流利背诵，不胜枚举。

薄瀞培老师讲新闻采访与写作，着力培养我们的实际操作能力。他是《健康报》记者出身，因此讲课十分注重理论与实操的结合。以消息写作而论，仅导语的写法，就用了好几个课时。他先提供几条干巴巴的一大段材料，要我们从中提炼出寥寥数十字的导语，然后在课堂上一一点评，使人受益匪浅。

成美老师讲新闻理论，不但把理论讲深讲透，还穿插一些报人骚客的逸闻轶事，妙趣横生，引人入胜。那时我们就已知道她爱人是《北京晚报》总编辑顾行，想必那些耐人寻味的"佐料"，是从顾总那里得来的吧！

王国璋老师讲现代汉语，语言之准确、规范、简练、到位，令人叹为观止。这位高高的清瘦而有点驼背的老先生，不苟言笑，神态肃然，课堂上几无一句多余之言。我曾想，用录音机把他的讲课录下来，可以作为一篇文章直接发排，根本用不着编辑润色。我从他所讲句子的成分和结构、词组和词性、单句和复句，以及文法的掌握和活用等内容中，吸收了不少营养，自感大大提升了文字表达能力。

概念、内涵、外延、周延、不周延、直言判断、联言判断、模态判断、同一律、不矛盾律、排中律、假言推理、选言推理、二难推理……这些形式逻辑课上的内容，从张兆梅老师口中讲出，感觉新鲜、有趣而深邃、厚重。张老师是位黑黑瘦瘦的老太太，有烟瘾，但讲课极有精神，也相当温和、慈祥。我上她的课最大收获是，以前看一篇文章或段落，总感觉别扭，有毛病，但又不知道问题出在哪里；自此之后，可以从理论上有根有据地剖析，并提醒和警惕自己勿蹈覆辙了。

马馨老师讲中国古代史，简直就是上下五千年、纵横十万里的神聊。老实说，我们习惯了有条有理、能记笔记的讲课，而不适应这种漫无边际的"信天游"。我毫不怀疑他学养的深厚、知识的渊博，但还是对他的讲课不甚适应。也许与他1957年被打成"右派"，以后又遭遇"文革"，长时间未上讲台有关吧？他教学的方式大约更适合带硕士生、博士生。但从开阔思路这点而言，还是难能可贵的。

古典文学课是张士聪老师讲授的。他挑选经典的古代散文名篇，从作者出身、时代背景、创作成就和风格，到内容、思想、意境、创作特色和技巧等，全方位、多层次进行深入细致的讲解，不但自己陶醉其中，也使我们如临其境，深受感染。有一次上课，他讲到"春秋五霸"，说出了齐桓公、宋襄公、晋文公、秦穆公，然后问还有一个是谁？课堂上鸦雀无声，我大声说出"楚庄王"。他一听，甚为高兴地表扬了我。

给我们上过课的老师还有：陈业劭讲中国新闻事业史（新民主主义革命时期），谭令仰讲文学概论，傅显明讲外国报刊史（无产阶级），张隆栋讲大众传播理论，郑兴东讲报纸编辑学、胡文龙讲新闻评论写作，黄汉生讲汉语修辞。童兵老师也给我们讲过课，但惭愧，课程名称怎么也想不起来了。此外，世界近代史是哪位老师讲的，也完全想不起姓名来了，只记得他年龄颇大，满头飞雪。

台上是人大的名师，台下是首都各报纸的业务骨干、理论知识和实践能力，不结合也得结合。这个班的优势，是学新闻的在校本科生、研究生所难以望其项背的。

这个班的教学质量，受到各报社的好评，中宣部新闻局也

图5 1981 年，上学期间，暑假到青岛采访时留影。

颇为满意，教学单位人大新闻系自然更是备受鼓舞。后来，这个班又办了两期，就停办了。因为"老三届"补学历的任务已告终结，各新闻单位的后续力量，就渐渐开始由纳入正规的大学毕业生来担当了。

我学习三年，拿到的是大专毕业证书，"校长"一栏盖有成仿吾的印章。成仿吾是先后留学日本、欧洲的大知识分子，以前我知道他 30 年代是创造社主要成员，一度和鲁迅对阵。成仿吾又是担任过黄埔军校教官、参加过长征的老革命，1928 年在巴黎加入中共。他 1978 年至 1983 年任中国人民大学校长，1984 年去世。我们是有幸拿到他盖章的毕业证书的最后一届学生。

1984 年 2 月 13 日下午，我们班大专毕业典礼在北京日报社举行。一周前，为把毕业典礼搞得隆重热烈，还专门召开了预备会，其中有一项：各家出节目联欢。我们空军报社的四名同学专门练了首小合唱。毕业典礼上集体照了相。隔了一天，1983 届包括更多专业的大专毕业典礼在南礼士路二炮礼堂举行。我们报社的孔祥科、吴廷柱、陈初文和我参加了。典礼后还放了场电影《不愿当演员的姑娘》，由于工作忙，我没顾得上看就回空军大院了。

我学习五年后拿到的本科毕业证书，"校长"一栏盖的是袁宝华的大印。袁宝华也是位学者型党的高级干部，他 1936 年入党，在北京大学参加著名的一二·九运动，曾任北大学生会主席。他 1985 年 5 月开始担任中国人民大学校长，此前任职于国家经委。

学生因校长而骄傲，这不算是虚荣吧？

四

读书是幸福的，也是辛苦的。

每周上课那两天的午饭后，我和同事们通常相约骑自行车从位于公主坟的空军大院出发。春风得意马蹄疾，心情舒畅车轮飞。我们沿复兴路、长安街一路向东辚啊辚，过西单、天安门广场、王府井，到东单后往南一拐，再东拐进入西裱褙胡同，不多远，34 号北京日报社就到了。

车程，一小时。五年间，寒暑不避，风雨无阻。

下午课毕后，我们步行穿过东单体育场，到位于台基厂1号的原北京军区空军后勤部干部灶就餐。一路吵吵嚷嚷，谈笑风生，还在议论课堂上的内容。餐后不敢闲逛，赶紧回到北京日报社，晚上继续听课。课毕，已是十点左右，再骑车回空军大院。到家简单洗漱完毕，再看会儿书，或做会儿作业，已近子夜，这才熄灯就寝。

第二天，还要按时起床，或出早操，或集体打扫卫生，然后投入一天正常的编辑部工作。

春秋季节，骑车在长安街上行驶，倒也惬意。难的是烈日酷暑下和冰雪严寒天，那滋味就不大好受了。

有一年夏天，晚间下课后，遭遇雷雨。家近的、有伞的、乘车的，陆续离去了，唯有骑车的我和同事陈初文，被滞留在教室里。外面雨不但不停，反而越下越大，我俩大眼瞪小眼，一时没了主意。这时，吴桂林老师关切地说："要不你们就在教室的长条椅上凑合一宿吧。"我和陈初文稍加犹豫，最后交换了一下目光，几乎同时脱口而出："走！"军人气概在此顿时展现。这是一个终生难忘的风雨之夜，大雨如注，电闪雷鸣，整个长安街上空空荡荡，竟无一个人影，就我们两个军人，弓着腰，吃力地蹬车狂奔，地面溅起的水花，有节奏地拍打着双脚。衣服，一出门就全淋透了，回到大院，整个人像刚从水里捞出来的鸭子一样。可有谁知道，外面是雨水，里面是汗水呀！喝下妻子准备好的一碗姜汤，赶紧瑟瑟入睡。还好，居然一夜战胜了感冒。第二天，就又精神抖擞地迈进办公大楼了。

那五年，星期天、节假日、业余时间，几乎全部用在了学习上。可有哪家公园、哪个商场、哪座电影院留下过我们的身影吗？没有啊！

下部队采访，尽量安排在假期。如果平时实在要出差，回来后赶紧借别人的课堂笔记狂补，作业也抓紧狂做，丝毫马虎不得。

苦吗？累吗？有点。但没听说谁叫苦叫累，也没见哪个打退堂鼓。

这就是"被耽误了的一代"立志把失去的青春夺回来的拼搏之路，这就是已在大报频频发表文章的编辑、记者的求学之路。不知当今的年轻人、在校学子，可体味得到、理解得了？

1983年春，班主任韦老师通知：为迎接专升本的外语考试，学校特成立英、俄两个外语补习班，由人大新闻系外语教研室的老师授课。

我报的俄语班，自忖有一定基础。当年在家乡淄博五中，初、高中连续学过四年俄语。1978年秋我在内蒙古包头的空军高炮连队代职时，为当时全国兴起的学习热潮所感染，曾写信给我的俄语老师顾彦芳，讨来一套初、高中俄语课本，希图把丢弃多年的俄语捡起来。说来惭愧，由于既忙且懒，成效甚微。这下要考俄语，鞭子已经高高扬起，再不下苦功，就真该打屁股了。

可不巧的是，补习班即将开课之际，我却因参加助民劳动扭伤了腰，不得不到大连空军四六九医院住院去了。

我心急如焚，只好拿上别人寄来的人大编印的三册俄语教材，边治疗边自学。无论是躺在病床上，还是散步在医院的小花园里，包括说来不雅的"蹲坑"之时，我都抓紧点滴时间赌咒发誓般嘟嘟囔囔背单词。

三个月后回到北京，补习班已近尾声。我只好四处去拜师求教。空司秘书、俄语翻译出身的徐贤同志家，地方朋友、一路之隔的新华社俄语翻译贾先生家，都出现过我这个不速之客的身影。这还不够，人大新闻系外语教研室的张娬老师又给我和同事吴廷柱、工人日报社的张帆三人"开小灶"。

这"小灶"开得那个别致呀！每周六下午，在中国人民大学一个小房间内，放一块小黑板，身为副教授的张老师面对我们三个学生，一丝不苟地板书和讲解。这样的日子，持续了差不多两个月。

我感觉自己像极了"北京填鸭"。超负荷高强度的外语突击，使我一度患上了"大脑神经疲劳综合征"，只要看文字超

图6　1984年，上学期间，到云南某雷达站采访时留影。左一为笔者。

图7 1984 年 2 月，大专班毕业合影。三排右三为笔者。

过一小时，必定恶心、头晕。

好在最终考了 64 分，虽是俄语班最低分，但总算过了！离"60 分万岁"还富余 4 分呢。如果烤煳了，你说我亏不亏？

俄语班同学都明白，临近退休的张老师为了不使一个同学掉队，付出了大量心血。怎么表达我们的感激之情呢？有同学提出请老师吃顿饭，也有同学提出凑钱为老师买件像样的礼品，但都觉俗而不雅。最后，《北京晚报》的宫异娟提出，送一幅萧劳先生的字吧，绝对体面。萧劳是大名鼎鼎的书法家，他的字很难求（拿到今天可就值钱了），但晚报的同学神通广大，最终如愿以偿。1984 年 2 月 4 日，大年初三，我们俄语班全体十二名同学齐集刘海胡同张老师寓所，给老师拜年，送上了感恩和祝福。谢谢您呀，尊敬的张娪老师！

五

秋风送爽、丹桂飘香的季节，终于迎来了完成毕业论文这个收官环节。每个人都由学校指定了导师，我的导师是秦珪先生。

原在北京大学任教的秦珪先生，1958 年 6 月北大中文系新闻专业（前身为 1924 年成立的燕京大学新闻系）合并到人大新闻系后，担任新闻系副主任。我的论文方向是对新闻短论如何借鉴杂文笔法的研究，秦珪先生给了我很多教诲。为写好毕业论文，我专门到人民日报社，拜访时任评论部主任李德民同志，请他介绍所负责的名牌短论专栏《今日谈》的编辑思想、选稿标准和写作要求，他给了我很大帮助。最终，我的毕业论文顺利完成，并被评为优等。

我们班的毕业论文，人大函院新闻学教研室过后编印了一本小册子，名曰《1985 届函授本科毕业生论文选（新闻专业）》。里面总共选了三篇论文，依次是：张聿温《从〈今日谈〉看新

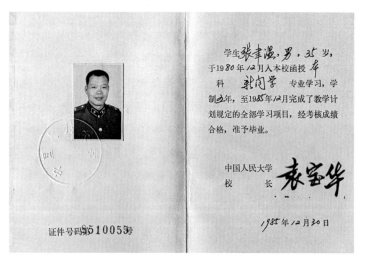

图 8 笔者的本科毕业证书

闻短论中杂文笔法的运用》、刘霆昭《论人物通讯中文学手法的运用》、蔡赴朝《试论经济新闻的接近性》。

最后，我收到了一份中国人民大学人函字第 85013 号证明，上面写道："张聿温同志自 1980 年至 1985 年在我院新闻学专业学习五年，各科成绩全部优等，被评为全优生。"还在中国人民大学开了个小型表彰会，奖品是一座骏马造型的陶瓷笔筒。

梦寐已久的 1985 届本科生毕业典礼，是 1986 年 1 月 28 日上午在中国人民大学校本部礼堂举行的。想不到除了新闻专业外，还有工业经济管理、商业经济、中国文学等专业的函授生，估计有一千多人。典礼过程中，主席台上一位校领导当众念了个台下递上去的条子："请问我们这批函授生，算不算人大校友？"这位领导念完仰天哈哈一笑，突然用手往下一指，断然喝道："当然算！"

台下掌声如潮。

这就是我的大学，这就是我而立之年才上的大学，这就是我们那代人主要是"老三届"备尝艰辛的求学之路。回首往事，心潮起伏，欲说还休，不知是该心酸，还是该欣慰？抑或如弘一大师所言，"悲欣交集"？

四十年后重游四川故地

张鹏程　张鹏搏

　　光阴荏苒，转瞬父亲离我们远去已整整三十四年，父亲慈祥、待人宽厚、性格爽朗、豁达，胸襟博大，他的音容时常闪现在我眼前。回忆往事，感慨万千，父亲患病时，我总是默默祈祷，希望父亲能够尽快康复，哪里知道，他患的病是绝症。1988 年 10 月 23 日，父亲走完了人生之路。现今，我只有与父亲在影像与梦中相见。父亲张强邻是浙江省著名体育教育家，是 50 年代首批国家裁判，曾担任首任浙江省足协、网协主席，原国家体委足协委员。

　　1937 年 11 月，父亲执教的杭州之江大学奉政府命令西迁，学校迁至安徽屯溪，然而不久日军侵略的铁蹄即逼近屯溪，学校只能作出暂时解散的决定。父亲偕全家继续逃难，历经千辛万苦到达汉口，父亲接到航空委员会通知速到成都航委会报到。全家冒着敌机的轰炸和扫射，沿长江溯流而上到万县（今万州区）经南充转成都。父亲安顿好全家后，即奉航委会委派去兰州空军总站，与苏联援华支援空军共同培训对日空战的驱逐机（歼击机）飞行员。

　　1938 年 10 月武汉陷落，中国空军主力转移到大后方，驱

图1 1984年8月，笔者邀父母回到阔别近四十年的故地四川重游，路经西安时，参观秦始皇兵马俑。

逐机大队主要驻防在重庆附近各机场，轰炸机大队则驻防在成都附近各机场。1939年1月航空委员会迁到成都（早在迁来前派出机构已经行使战训命令）东门外沙河堡，成为战时中国空军最高指挥中心，也就成为中国空军对日作战战略和重大行动的决策地。根据对日作战战略部署，在成都周围新建或扩建了许多重要机场，有些机场至今都还在使用。成都因之成了日军战略轰炸的重要目标，从1938年11月8日到1944年12月19日，日寇对成都进行了三十一次大规模无差别轰炸。市中区盐市口、少城公园、春熙路一带被炸得血肉横飞，遇难者的残肢挂在电线上，血肉贴在墙上，惨不忍睹，熊熊烈火燃烧，街道被摧毁，

图 2　笔者与父母观赏西安著名景点碑林。

只留下残墙断壁。父亲目睹这一切，非常痛心和难受。

　　1939 年 6 月，我和弟弟鹏搏一对双胞胎在成都四圣祠医院出生。1940 年，父亲积劳成疾，离开兰州空军总站，回到成都，受聘于国立成都体专和从济南内迁成都华西坝的齐鲁大学，担任体育主任并执教体育和训练体训队。

　　抗战胜利后，全家回到杭州，但父亲对成都情有独钟，想

图3 父亲在西安拜访老友陕西师范大学兰教授，在大雁塔前合影留念。

起过去的日子，追忆已往的岁月，总想回到四川故地游一游看一看。1984年夏天，我利用探亲的机会，高兴地陪同已近七十七岁的老父亲与母亲回到他熟悉的故地，实现了父亲的夙愿，也了却了一件我多年来的心事。当时交通条件不是很好，难得买到了卧铺票，从上海出发先到西安，受到西安交通大学陆雪高老师与金庸堂妹（张家与查家同是海宁袁花人，两家有些亲戚关系）的热情接待。父母兴致勃勃游览参观了华清池、兵马俑博物馆、大雁塔、秦始皇陵、碑林、半坡原始人遗址等，心情非常好。看到意气风发的父亲，如何能想到他在四年前患了脑血栓，半身瘫痪，而这次到西安游玩，却不要我搀扶，行动已近自如。四年间，父亲用坚强的毅力战胜了病痛。

离开西安后到成都，面对城市面貌的改观与飞速变化，父亲兴奋不已。我陪父亲重游灌县（今都江堰市），兴趣很高地游览了伏龙观、二王庙、安澜索桥、离堆公园等。当我们来到伏龙观、宝瓶口时，汹涌的江水发出震耳欲聋的雷鸣般的巨声

图4 父母站在曾在抗战中开办体训班的灌县（今都江堰市）风景区大门前留影。

图5 父母坐在灌县千年古庙二王庙台阶上休息。

直泻而下，父亲感慨地说：变化太大了，已完全不认识了。父亲告诉我，抗战中，在灌县举办体育夏令营与体训班，父亲带了哥哥去。参加夏令营的人员是来自成都各大高校体育教员与体育工作者。夏令营的内容主要是在抗战中如何积极开展全民体育活动，增强民众体质，提高高校师生体质，为抗战培养健壮的国民。此次夏令营还请在成都的康泽来作了一次"强壮民众体魄，抗战到底"的报告。一天康泽看到瘦弱的哥哥，对父亲说：要关心小孩的营养，这小孩太瘦了。事后送来了一篮子鸡蛋，要求每天给哥哥吃一个。在体育夏令营期间，当时"亚

图6 父亲重访抗战时曾工作的地方。

洲足球大王"李惠堂专程从成都赶来看望父亲。

此外,我还陪同父母游览了青城山。千百年来慕名到青城山的游人络绎不绝,父亲沿山道踏阶而上,山道盘旋曲折,周围满眼葱郁苍翠的树林,兴致勃勃讲起青城山道教典故。兴致极高的父亲,健步而行,完全看不出曾半身不遂。

父亲最为高兴的是,他在成都与健在的老同学、老同事相聚在华西坝原华西协合大学钟楼下。父亲曾在华西坝的齐鲁大学执教,齐鲁大学与华西协合大学相毗邻,他很熟悉这里的情况。全面抗战爆发后,位于华西坝的华西协合大学先后接纳了内迁的金陵大学、金陵女子文理学院和齐鲁大学。太平洋战争爆发后,美国向日本宣战,燕京大学被日军所封,汇集在成都华西坝的四所基督教大学联名向燕京大学发出邀请,燕京大学经选择后，确定迁到成都，这样成都就汇集了全国著名的五所基督教大学。父亲还担任成都大学体育联谊会会长，成都市的几次运动会，父亲都担任总裁判长。几十年过去了，华西坝面貌已彻底改变，但是华西协合大学由贵格会（基督教中一个派别）建造师荣杜依设计，1925 年建成的钟楼依然屹立在那里，这是当时华西坝标志性建筑，其他的老建筑还在，周围建了许多新建筑。父亲看到日新月异的变化，感慨地赞叹起来，与陪同的老朋友一起追忆抗战时期的景象。还记得在华西坝举行成

图 8　笔者与父母同游四川道教发祥地之一的青城山。

都高校运动会，父亲担任裁判长，由于条件差，排球比赛时，排球架差点儿倒了，父亲连忙上前用自己的身体用力顶住，才使比赛得以顺利进行。父亲还经常在华西坝运动场训练运动队，与好友打网球，切磋球艺。

在成都时，我们还很小，似懂非懂，小时的事有一些记忆。父亲骑着自行车将我们双胞胎兄弟两人，放在自行车一前一后骑到号称"川西第一道观"的青羊宫。当时青羊宫虽然在郊外但非常热闹，特别是青羊宫历史悠久的花会节，人流如潮，土特产交流车水马龙，热闹非凡。父亲给我们每人买了一个小风车插在自行车上，在风的吹动下，小风车五彩缤纷。四十年过去了，这次我陪父母逛青羊宫，父亲非常高兴，同时还游览了汉昭烈庙（也称为武侯祠）、杜甫草堂、人民公园（抗战中称少城公园）。每到一个地方，父亲都回忆满满，特别去了沙河堡航空委员会旧址。这里已彻底改变，几乎难以辨认。当时航委会的名义领导人是宋美龄。就在这里，航委会委派父亲去兰州空军总站担任体育教官训练驱逐机飞行员。父亲在这里，低头不语，默默向那些牺牲在长空的勇士们致以崇高敬意。父亲还去了四川大学附近的九眼桥、望江楼参观游览。望江楼因唐朝著名女诗人薛涛遗址而闻名，抗战中成都高校中的一些体育同行常在这里茶馆店相聚交流。随着时代的变迁，望江楼的面貌已彻底改变，毕竟往事已久远，记忆模糊，父亲几乎不认识了。在旅游参观中，我拍摄了一些照片。回顾历史，感慨万千。三十八年过去了，但仿佛在成都的街道上还留着父亲的气息和脚印。

我为苏联专家当司机

贾巨海 口述　史耀增 整理

　　我叫贾巨海，乙亥年（1935）农历十一月二十四日出生于陕西省合阳县坊镇西清村，今年虚岁八十九了。

　　这一张合影（图1）是1957年在四川广汉拍的。最前边的两个小姑娘是苏联专家的女儿，左边的叫柳芭，爱称柳芭莎；右边的那个小姑娘是另一位专家的女儿，名字想不起来了。前排坐着的左起第一位是男翻译，第二位是中国工程师，接着是苏联专家和他的夫人，最右边一位是女翻译。后排站着的第一位是我们的技术员，接下来三位是警卫员，最右边的人是我。

　　我这个人大半生与汽车方向盘有缘。1951年秋天我从陕西省合阳县坊镇完小（高小）毕业，虚岁十七，但因家穷，无力供我上初中。正好这时政府号召参军，我便和与我同班的曹俊广（离我村十里路的北伏蒙村人）一起报了名。到甘肃兰州后，我被分配到中国人民解放军第一汽车学校，校长叫李亚民。后来中国和尼泊尔建交，首任大使也叫李亚民，但不知是不是我们的李校长？政委由西北军区运输部副政委张效中兼任。学习仅仅半年，1952年3月，我们便整校参加抗美援朝，编为中国人民志愿军后勤司令部第五分部汽车二团，在连天的炮火中为在朝鲜前线的志愿军运输弹药和食品补给。在枪林弹雨中，锻炼了我的勇气和胆量，也练出了过硬的开车技术。

1956年，我转业到地质部测绘局（亦称国家测绘总局）。那时社会主义建设搞得热火朝天，我所在的大地队担负着找矿、找油的艰巨任务，那时中苏关系很好，苏联老大哥也伸出了援手，派来各方面的专家来帮我们搞建设。组织上分配我为搞地质的苏联专家当司机，整天拉着专家在河西走廊奔波，去过玉门（那是当时全国唯一的油矿）、张掖、酒泉等地。那时我开的是嘎斯69型吉普车，有加力挡，越野性能良好。我开车技术娴熟，又稳又快，苏联专家很满意，遗憾的是那时我一门子心

图 1　与苏联专家的合影

图 2 我和柳芭的合影

思把车开好，相处几年，竟连这位专家的名字也不知道，只知道他是乌克兰人。倒是他那个小姑娘柳芭很喜欢我，见面就扑过来要我抱，要我陪她上街玩。我也很喜欢这个可爱的小姑娘，记住了她的名字和爱称柳芭莎。有一天在街上玩时，我领她走进一家叫"前旗摄影部"的照相馆，抱着她拍下了这张照片（图2）。洗出来后送她家一张，她妈妈见了很高兴。照相馆的人也觉得这张照片拍得好，是中苏友谊的象征，放大一张摆在他们的橱窗里，吸引了许多人前来观看。

　　时隔不久，我们又支援地形大队，到青海的柴达木盆地西部找油。这地方荒无人烟，有一次我开车行走四百多公里，连一个人影也没见到，倒是有不少野驴扬蹄狂奔，似乎要和汽车比赛。苏联专家也和我们一样住的是帐篷，上级当然尽量照顾他们的生活习惯，专门从大连请来会烤面包会做汤的厨师。那里山连着山，好不容易找到一片平地，比我们家乡的打麦场大不了多少，我们为它起名"一里坪"。前些年女儿领我到青海旅游，那个地方还叫一里坪，但已发展成一座城镇，白天可见四周遍地油菜花，晚上灯火点点，想到当年的一片荒原，不由感慨祖国前进的步伐实在是太快了！

1961年收麦前，四川的勘探任务结束。9月，我被分配到内蒙古计委勘探局，工作仍然是开车，拉着测量队四处奔波。因为父母年迈，我于1963年二三月间申请回家务农，直到现在。

1961年苏联专家撤回后，我便和柳芭莎还有她的父母失去了联系，有时梦中相见，面前还是她那可爱的模样，我会问一句：柳芭莎，你现在哪里？你生活得好吗？六十多年过去了，不知四川广汉"前旗摄影部"橱窗里的那幅照片还在吗？

· 书讯 ·

山东画报出版社　2023年7月出版
定价：118.00元

见图如晤：如何欣赏摄影

袁 洁 著

与传统摄影鉴赏类图书不同，本书特点鲜明，没有碎片化讲解某张照片的内涵或是系统讲授摄影发展史，而是强调一套欣赏摄影作品的方法论，即"四步欣赏法"——看画面、观画外、做定位、去评价。该方法可以切实解决广大读者所遇到的各类欣赏难题，是作者多年教学的经验总结。除此之外，本书还强调审美的乐趣，从41个当下热门的摄影话题入手，既有理论又有案例，让读者在欣赏照片的同时，轻松掌握摄影知识。

济南道道尹陈懋鼎

代　明

　　济南道，为袁世凯当政期间所立，比现在的济南市范围要大，包括历城、章丘、邹平、泰安等二十七个县。济南道第一任道尹祝芾，1914年5月23日就任，任职地点位于原明清贡院。贡院，是古代地方乡试的考场，后改成山东提学使官署，民国后，变成济南道公署（即现在山东省人民政府大院东）。祝芾于1914年11月20日辞职，接替他成为济南第二任道尹的，就是陈懋鼎。

　　陈懋鼎（1870—1940），字征宇，福建闽侯人，出身于福州七大家族之一的陈氏名门，他的大伯父，即有"末代帝师"之称的陈宝琛。陈懋鼎年幼即被视为神童，十九岁考取举人，二十岁又得中进士，自此进京为官，先后担任内阁中书、外务部参议、驻英国公使二等参赞、驻西班牙公使一等参赞、储才馆代理馆长、资政院议员。中华民国成立，陈懋鼎又出任外交部参事兼秘书长、金陵关监督兼江宁交涉员。1914年底，考虑到日本侵略的魔爪伸向我渤海湾，山东省局面越来越复杂，急需中央大员，以及熟稔国际关系的官员坐镇指挥；故而，外交总长孙宝琦极力推荐在英国即已相识的陈懋鼎，来济南担任道

图1 1918年的陈懋鼎。左起依次为：姨太太星姬、陈懋鼎三子（不久夭折）、次子陈统。

尹一职。

1914年12月18日，陈懋鼎来济南上任后，曾给父亲陈宝琛写过一封家书，详细描述此次任职的经过。信中道：

父亲大人座前敬禀者：

儿被济南道尹之命，因觐见时，大总统催行甚急，故领凭未及十日既行出京，于十二月八日到济，十日接印，而高荫午适于是日来署，署中橡属即时组织成立。日来清理接管案卷，拜客见客，加以日本公使过境，随同将军巡按接待，殊少暇晷。兹行既匆促，只得轻装先发，大约一月后才能接眷。此次量移，实出意外，首道本极剧要，现值胶济铁路被占，外交更棘，政府意欲令兼山东交涉员。儿正极力摆脱，如得不兼方为幸事。道署乃旧时贡院之一部，分地极宽廓，房屋亦齐整可居，与大明湖相去甚近。今年春间曾与林畏庐、陈任先、林宰平四人登岱谒林，顺道游湖，一宿而去，竟如预兆。

陈懋鼎说，这次任命非常突然，自己一点准备也没有，尤其面临日军侵占胶济铁路，引发一系列外交事端，会有许多棘手问题等待解决。而且，听说上面还要让自己兼任山东交涉员，处理发生在山东境内一切涉外事宜，面对如此复杂的局面，他正想法推辞，"如得不兼方为幸事"。信中，陈懋鼎还说了他办公的公署，"乃旧时贡院之一部"，"与大明湖相去甚近"。并由此忆起1914年春，他和林纾、陈篆、林宰平四人，一起到泰山、大明湖游玩，晚上就住在济南道公署的情景。回京后，林纾还写下了那篇有名的《明湖泛雨记》。

林纾，是中国近代翻译大家，平生翻译超过一百八十余种外国作品，有"译界之王"之美誉。林纾与陈懋鼎很早就认识，按林纾所说："余与征宇世父橘翁过从无虚日。橘翁辈行高，实吾师偶斋先生之友"。橘翁，即陈懋鼎父亲陈宝瑨，与林纾同为福建闽侯人，又同在京城为官，故此，林纾与其子陈懋鼎也相识甚密。林纾虽比陈懋鼎年长十八岁，却始终以兄弟相称，"余虽笃老，与征宇固兄弟也"，可见感情非同一般。

那次游历大明湖，陈懋鼎还见到先祖陈景亮做山东盐运使时，于咸丰十年（1860）重修历下亭后撰文，并由书法家何绍基书写的《重修历下亭记》，就镌刻在历下亭长廊的北墙上。

没想到半年后，陈懋鼎又一次来到大明湖畔，只不过他不是以游人，而是以济南道道尹的身份来到这里。

陈懋鼎上任前，林纾把自己画的一幅《岱游图》赠给他，还写了一篇四百字的《送陈征宇之官济南序》，其中不乏勉励寄托之语："吾知征宇此行，其难同于任先（林宰平）也。属闻官中言，哈克图之议垂成，天或相吾国而成任先之功。今征宇所学所志同于任先，其调洽济南之事，天或不至右任先而左吾征宇也"。言谈之中，对陈懋鼎此行充满乐观，并祈愿他"洽吾邻，使之无竟，俾济南民庶得一日之安"。最后更是约定，"明年春融雪消，任先归期，余将重约宰平续泰山之游，则征宇为东道主人，不为客矣"。待到来年春暖花开，那时陈篆也会从恰克图凯旋，我会约上林宰平，咱们四人再去续写游历的新篇章；到那时，你是地地道道的东道主，长在喉咙里的巨瘿已割去，我们可以痛痛快快领略春天的泰山画卷啦！

可是，他们这些美好愿望能实现吗？

陈懋鼎在济南为官时间不长，满打满算只有半年多，在这短暂的时间里，他干得并不舒心。原因无他，只因当时日军猖獗，假借接管德国在山东的利益为名，不断骚扰我国领土，侵吞青岛，霸占胶济铁路线，打死打伤我无辜百姓。他却束手无策，无能为力，胶东半岛设有大量盐场，是我国著名的盐产地，各盐场凭盐商持有的特许证，方能运销。日本人对这块产业早就垂涎欲滴，他们拿不到正规特许证，就自己圈出盐场，私自将这些盐偷偷运往日本国内。1915年4月13日，日本商人又将从青岛运来的私盐在昌乐火车站卸货。陈懋鼎得到消息，找到日本宪兵队队长，要求把这些私盐即刻运回，否则全数没收。

日本人表面答应，可等陈懋鼎一走，就私自在当地分批售卖。为此，陈懋鼎"曾向驻济南日本领事提出，为专查私盐，中方委派缉私委员在胶济铁路沿线各站和列车上随地侦察，日领事一再辩驳，不予认可"。结果，日商走私盐业的活动，始终没有中断。

这段经历，让陈懋鼎彻底看清日本人的伎俩，那些表面知书达理的驻华外交官，实际和耀武扬威的日本宪兵队是一丘之貉。这些话，他不能跟别人说，只能跟他的心腹兼亲戚、在济南道公署任职的高荫午说："外台旧德那忍述，明湖秋风空复情。一场拙计足牵累，不尔曷贵求友生"。更重要的是，是年5月9日，袁世凯瞒着外交部，与日本驻华公使日置益签了卖国求荣的"二十一条"，激起全国人民义愤，各省市纷纷掀起抵制日货的高潮，济南更是抗议和反对声浪不断。陈懋鼎感觉已无力再扮演交涉员角色，遂向外交部提请辞呈。1915年7月30日，上峰同意陈懋鼎返回北京，改由支持袁世凯称帝的康有为女婿杨庆筼，继任济南道道尹。

陈懋鼎在济南为官是失败的，但济南这座城市，还是给陈懋鼎留下很多美好印象。盐运使公署后面，乾隆年间被誉为"园中十景"的也可园；位于财政厅西园（即珍珠公园），据说为宋代八大家曾巩手植的两株海棠树，盛开的娇美鲜艳的花朵，都让陈懋鼎流连忘返，写下许多赞美的诗句。次年，高荫午要前往江西，陈懋鼎在寄给他的诗中，几次提到过去的难忘经历："济洑出地百道乳，鹊华夹河两点眉。我固浮屠爱三宿，君亦胡贾留移时。柳园列坐倘无恙，水亭阅肆曾不疲。梦中相亲独明湖，宁望去后有见思"。

诗中对济南，对大明湖充满深深留恋。

陈懋鼎回京后，因为所谓办事不力，袁世凯没让他再担任任何职务，只给了一个参政院参事的虚职。袁世凯死后，他才重新受到重用，陆续出任国务院秘书、外交部顾问、第二届国会议员、厦门道道尹兼交涉员；后于1923年因病辞官，过起隐居生活。

陈懋鼎是清末民初的外交官、诗人、学者，他是第一个把大仲马小说《基度山伯爵》（中文名《岛雄记》）翻译到中国来的人；同时，他对《易经》也有独到深入的研究，撰有《修三居士易稿》；论起诗歌，他更是被誉为"同光体"后劲诗人之一，许多首诗当时就传诵于世。除此之外，陈懋鼎对家庭教育也颇为重视，他共生有二子二女，长子陈怀英（字彦伦）、次子陈统（字彦文）、长女陈绚、次女陈缇；他很早就把福州名宿冯湘涛先生，请到家里当私塾老师，"馆吾家为诸儿师，垂二十年"。结果，这四个孩子都很有出息。

长子陈怀英，是陈懋鼎在担任驻英参赞时，夫人在伦敦怀

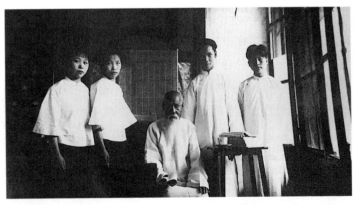

图2 左起依次为：陈缇、陈绚、冯湘涛、陈怀英、陈统。摄于20世纪20年代末。

图 3 陈怀英。摄于 20 世纪 20 年代末。

上的，故取名"怀英"。这个孩子寄托了陈懋鼎很大希望，他
先是在中国大学西语系毕业，后又考取燕京大学社会系研究生，
是个多才多艺的年轻人。他精通世界语，加入过蔡元培的世界
语学会；耍得一手好剑，喜欢养鸽子，还会写诗词，弹古琴，
他会弹长度仅次于《广陵散》的古曲《秋鸿》，为此，还得到
著名词人兼古琴家何振岱的赞赏。只可惜，在他二十五岁时，
突然因为一场破伤风不治身亡，英年早逝。

图 4　何端宜与笔者母亲陈彬。摄于 20 世纪 20 年代末。

　　幸好此前，他娶得福州名门之后何端宜为妻，并诞下一女，就是我的母亲陈彬，她也是陈怀英留存于世的唯一骨血。

　　次子陈统，为陈懋鼎姨太太所生，考取了中国大学历史系，接着又考上燕京大学历史系研究生，拜在著名史家邓之诚门下。他治学严谨，勤奋用功，上学期间，就写出《慧远大师年谱》《汉代著述未入艺文志考》《唐人著述考》等一系列文章。尤其是《慧远大师年谱》一文，被登在燕京大学的《史学年报》，现已被北京图书馆作为珍本收藏，成为许多慧远大师研究者的必读之作。同样不幸的是，他在读研究生期间因病去世，邓之诚教授知道后非常伤心，曾拿他与孔子手下的爱徒"颜渊"相提并论。

图5 陈宝瑨继室谢氏与陈统。摄于 20 世纪 30 年代。

图6 左起依次为：姚大湘、陈绚、姚大良、姚从吾。摄于20世纪40年代末。

图7 陈缇。摄于 20 世纪 30 年代。

　　长女陈绚，是京师第一所女子学校"女子两等小学堂"的女学生，可以说是开"西风东渐"文化风气之先的人，后考取燕京大学哲学系，能诗擅文，曾先后与罗香林、吴宓两位大学者交往，后经吴宓介绍，和另一位同样优秀的历史学家姚从吾结成伉俪，相爱相伴一生，生有两个孩子姚大湘、姚大良。

　　次女陈缇，为陈懋鼎姨太太所生，自幼喜欢绘画，北华美

图8 朱士嘉和朱祖威。摄于20世纪30年代。

术专科学校毕业。在校期间，结识了在燕京大学图书馆担任中文编目组主任的朱士嘉，后在邓之诚教授见证下，两人结婚，生有四个孩子，其中一子夭折。幸存下来的三个孩子朱祖钰、朱祖威、朱祖成，以朱祖威成就最大，新中国成立后曾担任北京集邮协会副会长，是有名的集邮家。至于朱士嘉，全面抗战爆发之前就留学美国，学成回来后成为我国著名的方志学家，是我国地方史志创立者之一。

（图片除图2、图3外，均由国家博物馆赵立先生提供）

接待作家三毛

余长峰

1989年4月，我接待了中国台湾作家三毛。三毛（1943—1991），原名陈懋平，又名陈平，生于重庆，祖籍浙江定海。她来定海探亲时，我是舟山市台湾事务办公室主任。

听说她要来，我们作了具体安排，如送什么礼品，到哪些地方，谁来陪同，等等。在礼品方面，我们选择了岱山产的电子熊猫，她很喜欢，一路上一直带在身边。路线安排上，计划先去小沙（她老家）祭拜，再去沈家门看望她的亲友。接待宴请方面，由舟山市台湾事务办公室安排一次，定海区台湾事务办公室安排一次。会议安排方面，由市台湾事务办公室组织一次接待会，市文联组织一次座谈会。

4月的一天，三毛乘渡轮来定海。我们在鸭蛋山码头迎接，入住舟山华侨饭店。当晚，我们邀请市委副书记姚德隆代表市委参加欢迎宴会。席间，谈到祖国统一问题，三毛说，她有一个想法，现在有很多台胞要娶大陆女子为妻，这是一件大好事，要重视联姻这个工作，以后会是一个很大的凝合力。

第二天，三毛去小沙祭拜祖堂、祖宗。她先到祖堂，后到爷爷陈宗绪坟前祭拜。三毛扶着墓碑说："爷爷，魂魄归来，平平来看你了。"据说她爷爷是个做水泥生意的商人,原坟在现在小沙卫生院这个位置,1958年时被毁。因是个吊穴,棺材不着地,所以坟毁时尸骨没有完全腐烂,后有人在后山竹林里挖了个坑,把尸骨又埋了,但没有做记号。听说三毛要回来祭祖,区、乡、村一时都找不到埋尸骨的地方,就在后山半山腰选址做了一支坟(里面并无尸骨),叫倪竹青写上墓碑"陈宗绪先生之墓"。三毛并不知情,她还在坟头抓了一把土带回台湾。

之后,又来到共五间平房的祖居,是她的爷爷陈宗绪在1921年建的。关于"三毛祖居"的命名还有一个小插曲。开始

图1 1989年4月,三毛参观小沙纺织厂时的合影。前排右四三毛,右二余长峰。

图2 接待三毛时敬酒。左三毛，右余长峰。

图3 三毛参加舟山市文联举行的座谈会。右三毛，左余长峰。

区台湾事务办公室建议叫"三毛故居",问市台湾事务办公室意见。我们认为叫"故居"不确切,因为这里不是三毛的出生地,三毛本人也未曾居住过,最后决定叫"三毛祖居"。

在市文联举行的座谈会上,三毛背诵了李白的《静夜思》。请她题字时,她写了"好了"二字,署名"小沙女",意寓不忘祖。当时,三毛在国内文艺圈有很大的影响力,听说三毛来舟山,舟山师专和省外大学的一些三毛迷给市台湾事务办公室来信要签名,有的还寄来了明信片,一些人甚至直接去华侨饭店。考虑到当时三毛身体并不是很好,因此我们都一一婉拒。

三毛在舟山期间,还参观了小沙纺织厂,拜访了定海环城南路的亲戚,也去了沈家门倪竹青的家。三毛父亲陈嗣庆在上海读书,后在南京开了一个律师事务所,倪竹青经陈宗绪介绍去事务所当书记,与三毛家交往较多,三毛叫他"竹青叔",倪竹青也是舟山当地有名的书法家。

舟山行程结束后,三毛去了杭州,住在花家山宾馆。我们还派人给她送去了她在家乡的录像、照片等物。

胶州湾事件中的一段疑云

——德国欲谋占三都澳

李　伟

　　20世纪初，一位佚名的中国摄影师站在福建省福宁府宁德县城西边的山上，对着面前名曰三都澳的港湾，拍下了一幅照片。这幅照片后来被德国建筑师柏石曼（Ernst Boerschmann）收录进其名作——《中国的建筑与景观》。三都澳位于中国漫长海岸线的中点，是东南沿海的深水良港，紧邻台湾海峡，1899年被清廷辟为通商口岸，闻名海内外。

　　它有一个更古老的名字——三沙湾。就在几年前的1897年11月，这片港湾尚未对外开放，四艘德国军舰突然闯入，打破了宁静。看着眼前的庞然大物，官员、民众惶恐不安。人们不曾想到，三沙湾的波谲云诡正是晚清中国狂风巨浪的前兆……

　　故事要从1888年说起。当年6月，德皇威廉二世登基，这位野心勃勃的年轻君主执意推行"世界政策"，试图借助海军进行殖民扩张。1894年，中国在甲午战争中战败，被迫签订《马关条约》。德国更觉中国之孱弱，欲在瓜分中国的大潮中分得一杯羹，而当务之急是占据一个港口，作为其殖民的前站。

　　1894年起，关于占据哪个中国港口，德国开始了历时三年的"选港之争"。德皇、官员和专家们莫衷一是，台湾及澎湖列岛、胶州湾、舟山、厦门等地被反复比对、研究。

当德国人的眼光随着中国的海岸线上下搜寻时，很难不留意到口小腹大、地理独特的三沙湾。从目前所见史料看，最先提及三沙湾的是德国东亚巡洋舰队长何甫孟（Hoffmann）提督。1896 年 5 月 2 日，他从日本横滨致海军司令部的报告中明确提出三沙湾，但海军司令部认为该地商业前景不明，暂不考虑。

1896 年 11 月，德国海军部国务秘书、海军上将铁毕子（Tirpitz，一译蒂尔皮茨）来三沙湾考察。铁毕子对三沙湾兴趣索然，他在 1919 年出版的回忆录中这样写道："这片荒无人烟

图 1 三都澳及附近的宁德县城。约摄于 1906—1909 年。选自柏石曼《中国的建筑与景观》。

图2 身着海军上将服的德皇威廉二世。约摄于1899年。

图3 德国海军部国务秘书、海军上将铁毕子。

的水域四面环山，只有驮货物的骡子才能通过。发烧和斑疹伤寒肆虐的海湾怎么能与福州相比呢？"

虽然铁毕子态度消极，但经海军商议，三沙湾得到了前所未有的重视："位于福州北部，也是厦门北部的三沙湾比任何其他地点要值得考虑。大体来说，它不失为一个可取的海港；且据海军的意见，在军事方面，除了舟山外，要比任何其他地点为优。在三沙湾，外国利益既不存在，而中国方面，无论如何也没有很大的利益存在"，至于如何取得三沙湾，则提出必须"等待华人先给我们一个报复的理由"。

"选港之争"逐渐集中至三个地区：厦门港、胶州湾和三沙湾。厦门港是通商口岸，难以强取；胶州湾争议最大，除港口、经济等条件外，是否属俄国势力范围，争论不休；三沙湾情况不明，但由于并非通商口岸，引人遐想。为了解实

图4 1889年停泊在伊斯坦布尔的"皇帝"号巡洋舰，1897年参与武力
侵占胶州。美国国会图书馆藏。

情，1897年1月，铁毕子委派水利和港口专家福兰西斯（Georg
Franzius，一译弗朗鸠斯）等人乘坐"皇帝"号巡洋舰（SMS
Kaiser），约于2月抵达三沙湾，考察报告被收入1898年出版
的《胶州：德国在东亚的领地》一书：

　　让我们再把眼光投向三沙湾，这是一处毫不知名的水
域，位于福州的北部，四周为高山环绕，有时候作为紧急
避风港而有过往的船只驶入，但总的说来迄今完全不为人
知。1896年秋，我们的舰船曾经在那里停泊了很长时间，
经过考察得知，这一水域共由五处紧密相连的港湾组成，
四周为最高可达海拔两千米的高山、低丘和平坦的浅滩围

绕。如今，整个水域已经声名远扬。

报告还详述了三沙湾经济落后、陆路交通不便等缺陷，"鉴于三沙湾的工商业出头无日，我们只好将目光由福建省北移至山东"。

虽然三沙湾再次被否定，但德国人显然对此地抱有不同寻常的兴趣，将港湾中央的三都岛命名为"威廉国王岛"，又以海军将领等名字一一命名周边地标，其中深意耐人琢磨。

经过考察，福兰西斯认定只有山东半岛南部的胶州湾"从技术观点上值得考虑作为我们的对象"，其报告论据充分、叙述详尽，被德国视作选港的重要参考，胶州湾成为首选。

德国的选港计划已有眉目，军事方案也早已草就，离出兵占领只差"一个报复的理由"。就在这一关键时刻，曹州教案发生了。1897 年 11 月 1 日，山东省曹州府巨野县张庄的天主教堂遭到大刀会冲击，德国传教士能方济、韩理被杀，又称巨

图 5 三都岛景色。约摄于 1900—1910 年。哈佛燕京图书馆藏。

图6　德国水利和港口专家福兰西斯。

野教案。11月6日，德皇威廉二世在报纸上得知消息，立即启动了蓄谋已久的计划，当即命令舰队前往占领胶州湾，要求提督"用您认为任何合适的方法勒取赔偿"。

清廷对德国出兵一无所知，教案的难题被摆在了军机大臣兼总理各国事务衙门大臣翁同龢的面前。但无论是光绪帝还是翁同龢，都低估了事件的复杂性，仍视其为普通教案，未曾想，德国舰队已于11月14日抵达山东并强占胶州湾。光绪帝不愿酿成战事，一场艰难的外交谈判开始了。

对于德国的蛮横行径，翁同龢颇有疑虑，"以吾观之，战事未必起，恐不占胶澳，两国皆别有要求"，而另一种声音也不绝于耳，认为德国实际意在三沙湾。这一看法并非无中生有，与当年德国进犯三沙湾唯一的出水口东冲有关。据《求是报》记载，1897年10月，"有德国兵船一队，并不张挂旗号，直驶至东冲停泊。李委员即往叩其故，该船主云，敝国将有事于台湾，来借三沙等处四口岸，为休息兵士修造码械之所"。该事引起广泛关注，且与胶州一事相隔不久，《申报》甚至有评论认为德国占东冲"计不得遂，始在胶州求立足之区"。

不止国内，国外媒体也充斥着类似的声音。11月25日，日本《国民新闻》专文介绍三沙湾，称："三沙湾……如此天然形势，苟佐以人工而为港埠，则巩固莫若焉，岂不优于胶州湾万万乎？"11月30日，大清海关总税务司赫德（Robert Hart）致函翁同龢："顷接伦敦电报，满楷士得加底（即曼彻斯特）英国新闻纸谓'在伦敦各国公使议论皆以为德国大约将自胶州湾退出，至德国愿在中国据海口屯煤，无人不知，惟俄国公使在柏林曾示意德廷万不能永占胶州'等语"。回应最为果断的当属英国政府。据媒体报道，英国11月便将军舰开至三沙湾，《译书公会报》称"英早有见于此，既派兵船于三沙湾，盖拟以制机于未然也"，11月25日日本《译国民新报》亦称"即英舰亦下桩于三沙湾内，至今犹未他徙也"。

无论如何，以上均为报纸评论、坊间传言、别国反应，中德两国官方意向如何呢？当我们求之于档案，发现此看法不乏依据。

首先，德国并非除胶州湾外不做他想。虽然11月15日，德皇在首相官邸召开会议，"计划永久占领胶州湾"，但德国驻伦敦大使哈慈菲尔德（Hatzfeldt）伯爵次日在致外部电中即建议，为免俄国干涉，应遵照德皇出兵时的命令，"把胶州的占领只当作一个暂时的占领，其目的只限于勒取赔罪，但同时我们不能最后空手撤出而不损及我们的威信与势力，我们当竭

图7　三都岛全景。摄于1927年。英国国家档案馆藏。

图 8　翁同龢

力得到主要参加者的同意，把我们现在占据的领土交换另个地
点"。首相何伦洛熙（Hohenlohe）公爵未予反对，并于 11 月
18 日提醒德皇：俄国态度尚不明确，应"暂时用敷衍的办法处
理该问题"，同时探察列强立场，"在胶州湾应避免一切足以肯
定陛下将来政策的行动"，德皇表示"完全赞成"，这使德国行
动有了回转的余地。而随着事件发展，德国在占领胶州湾的下
一步计划上，也越来越与俄国、英国的反应相关联。

　　其次，中国多次就割让南方一岛事与德国秘商。11 月中下旬，德国驻华公使海靖（Heyking）提出胶州湾事件处理的六条意见，其中第六条最为机密，即此事如何办结，包括如何赔偿等。随着谈判的深入，第六条成为关注的焦点，甚至与三国干涉还辽等事联系在一起。德国用心显而易见，即以干涉还辽为借口、以坚船利炮为威胁，决意从中国攫取利益，绝不容许空手而归。随

图9　德国驻华公使海靖

后，第六条被当作"另案办理"，并具化成"别指一岛"。

12月4日，翁同龢日记载"申初偕樵赴德馆，以照会稿逐条读之……盖隐示以可别指一岛也。此等语何忍出口，特欲强巨祸低颜俯就耳，呜呼，懦矣"。同日，海靖致外部电中详细记录："他们问起我们是否一切要求履行后即行撤退占领。当我闪烁地回答时，大员宣称中国完全没有抵抗能力，届时如我们继续占领，其他列强必将乘机仿效，这样中国势有灭亡的危险。因此，他们在恳求绝对保密下建议我们根据友谊的谅解从胶州撤退，而在华南另取一个海港。我只敷衍地回答，同时促他们注意，德国在华北拥有强大的势力将也对中国本身有利"。

12月7日，翁同龢与海靖再次晤面，开出了更优的条件，海靖也在撤兵一事上罕见地做出了让步。翁同龢日记载："谈至此，因向以前照会内另案再商一节。另案者谓别指一岛抵换胶澳也。伊云不能退，再三磋磨，始允登岸兵皆撤回船。复予

大磨，则允将船退出胶口，俟另案开讲时再索，则与教案不相涉矣。余等仍持另指一岛之说，伊直云，此须电请君示，不敢应也……看此光景，胶澳可开通商口岸，或澳中多划地段为屯船中煤之用，或他处另指一岛亦可了结，有无变计，非所逆料，灯后始散"。同日，海靖在致外部电中也做了记录，云"中国大员只表示原则上同意，但是在极力斡旋下，表示愿宣布胶州为一个通商口岸，并答应：决不把它割让给任何国家；和我们将在该处得到一个居留地及铁路建筑权；此外，并在华南割让给我们另一个海港……我觉得在胶州方面获得特权的同时又能立刻获得一个华南海港，这对我们似乎更为有利"。外交大臣布洛夫（Balow）告知海靖德皇尚未批复，在得其意旨前"切勿与中国代表作继续的谈判"。

从翁同龢的"隐示"、海靖的报告到布洛夫的答复，都表明此事已进入议事日程；从"第六条""另案"到"别指一岛"，都表明谈判已进入实质阶段。12 月 8 日，翁同龢觉"事在垂成""潇洒以为无事"，向光绪帝呈报交涉情况："惟借岛之事，伊最着意，恐须此事商妥始能大定"。

德国对于是否同意翁同龢的提议陷入犹豫，外交大臣布洛夫后来这样形容："其准备给我们的，竟比我们要求的还要多"。德国虽则欣喜，但也明白，胶州湾、南方海港的选择，根本上是敌、友的选择。如同 12 月 6 日外交部参事霍尔斯坦因（Holstein）在私人电报中分析的：如选择南方海港，则"必然对英国承担义务而因此使我们完全改变我们到现在为止的全部政策"；如选择胶州湾，则"我们维持一个与俄为邻以及与它有共利害、同仇忾的地位，则我们将仍完全保持我们一贯的政策方针"。

正在德国犹豫不决、德皇旨意未下的关键时刻，事情突逢变数，这个转机出自一份报纸——英国的《泰晤士报》（*The Times*）。

12 月 10 日，英国《泰晤士报》第 5、9 版分别刊登了其驻华记者 12 月 9 日发回的简讯和评论，简讯称："总理衙门已电告直隶总督（李鸿章）：中国已答应德国要求，德国将在稍后议定的日期撤离胶州。取而代之的是，德国将获得福建的三沙湾作为加煤站"；评论则指出此举侵害了英国利益。

虽然正如前文所举例的，关于德国欲占三沙湾的消息已不是第一次见诸报端，但《泰晤士报》的权威性和报道得详实，使其产生了前所未有的影响。"驻华记者"的身份也引起议论纷纷。此后一两年内，这很快不再是秘密，他正是后来出任中华民国总统政治顾问的风云人物——莫理循（George Ernest Morrison）。

莫理循，1862 年生于澳大利亚，1894 年来华并穿越西南地区，1895 年在伦敦出版《一个澳大利亚人在中国》，因此被《泰晤士报》看中，1897 年受聘为驻华记者。莫理循阅历丰富、善于交际，往往能掌握独家消息，很快崭露头角。

《泰晤士报》的报道无异于重磅炸弹，立刻引爆了政界和舆论场。德国压力倍增，12 月 11 日，哈慈菲尔德在电文中不无后悔地说道："如果开始时我们有意的话，经征得俄国同意在中国南部沿海占据一个更靠近英国利益范围的海港，事情对我们会容易得多"。12 月 12 日，外交大臣布洛夫在致海靖电文中表示德皇已做决定："我们将留在胶州。我们决不考虑昨日《泰晤士报》提起的三沙湾或其他华南的任何海港。"

12 月 11 日，德国官方发布了一则公告："今天送达此地的《泰晤士报》提及一份上海发出的电报，称德国不久将放弃胶州湾，占领三沙湾。这报道纯属捏造。"德国媒体随即附和。12月13日，《泰晤士报》毫不避讳地全文转载德国公告，并称其至少有一处不准确："电报是从北京经天津发出的，并没有提到上海"，对德国的否认完全不以为然。一份报纸如何有这般底气？

首先，《泰晤士报》一向以海外新闻的权威性著称，这与其出色的情报网络息息相关。虽然1897年《泰晤士报》涉华报道才初具规模，但莫理循承继其传统，广纳兼听，谨慎求证，其交往的人士中既有德国公使海靖、英国公使窦纳乐（C. M. MacDonald）等外国权臣，也有大清海关总税务司赫德、李鸿章的外国顾问毕德格（William N. Pethick）等中国官员。莫理循游走于利益冲突的各方之间，以非凡的交际能力博取信任，获得消息。

其次，从史料看，中德曾考虑三沙湾一事确有印证。就在12月13日《泰晤士报》转载德国公告之日，外交大臣布洛夫奏威廉二世的公文中提到，"据总理衙门一个正式公开的通知证实，这个地点是指三沙湾而言"，言辞确凿。此外，文章开头传教士的记述也提供了一份罕有的证据，表明胶州湾事件发生之后，德国曾派军舰到过三沙湾。

上述史料证明《泰晤士报》的报道并非捕风捉影，它让中德的密商从幕后搬到了台前，但与此同时，也难说其报道完全属实，因为从当前史料看，没有证据表明中德已就三沙湾一事达成官方协定。

那么，翁同龢为何突然提出"别指一岛"？外界有两种观点，一是德国迫借，二是俄国指使。但笔者认为，"别指一岛"

应当是清廷，或者说翁同龢不得已提出的。

在德国要挟之下，翁同龢很可能希望以当时尚未开发的三沙湾替代，以降低损失，同时尽快结束胶州湾事件，以免各国仿效。实际上，不仅翁同龢，湖南巡抚陈宝箴、湖广总督张之洞都不约而同地提出类似观点，可见这是当时不少官员在观察时势、权衡利弊之后可能做出的选择。海靖也认为"华人因害怕英国或日本侵占其领土，正极度急切地要求提前与我们签订协定"。翁同龢对提出割地甚感委屈，却又无可奈何。12 月 11日，慈禧太后看过翁同龢与德使的照会稿，觉太过屈辱，出言责备。翁同龢愧悔无地，一反常态，大吐苦水，以至于"同列讶之"。

图 10 总理衙门，约摄于 1890 年。剑桥大学图书馆藏。

有一件事颇值得推敲，这件事就是前文提及的《泰晤士报》报道。当时，《泰晤士报》有关中国的一些报道实际来自中国政府官员的有意透露，何况简讯中已指名道姓直隶总督李鸿章。实际上，1897年莫理循初来中国不久，即结识了李鸿章的外国顾问、美国人毕德格，常向其获取消息。两人迅速建立的密切联系，使一些研究者甚至猜测是李鸿章授意毕德格接近莫理循以图利用。在胶州湾事件中，李鸿章通过毕德格传递消息给莫理循，或者毕德格主动告知莫理循，都有可能，而透露德国将占三沙湾的目的，或许就在于试图引起英国干涉，以实现"以夷制夷"。李鸿章惯用此手段，在处理胶州湾事件时已不是第一次施展：甫一开始，李鸿章即想到了俄国，多次发出电文，要求俄国派船干预，促使德国撤兵，甚至翁同龢也曾有此想法。

但是李鸿章、翁同龢都低估了德俄两国。实际上，就在德国选定胶州湾之后，即一直与俄国秘密沟通。两国虽有利益摩擦，但在瓜分中国上可谓同谋。在李鸿章的邀请之下，俄国于12月11日派出了军舰，却没有进驻胶州湾"与德诘难"，而是强占旅顺口、大连湾，虎狼之心昭告于天下。

如果李鸿章或毕德格等官员原想利用英国逼迫德国让步，那么这一愿望也终究落空。《泰晤士报》报道之后，因"各国皆不允南洋给德国一岛"，德国彻底打消了占领三沙湾的念头，严告中国"除胶州外不能考虑其他海港"。中国官员答复称英国不同意割让胶州，若割让，则英国也要得一海港（据翁同龢日记，英国公使窦纳乐12月13日来总理衙门表达异议）。英国公使窦纳乐则向海靖担保未曾索要海港，并对德国拒绝华南海港表示非常高兴。12月16日，海靖向外交部报告了上述情况。次日，外交大臣布洛夫请海靖转告英国公使：德国"曾对接受中国提议占领一个南方海港的问题有所瞻顾"，但为了两国关系而拒绝，如果英国"在胶州与德国作梗"，德国将认为前举是错误的。在确认德国放弃南方海港后，英国没有过多干预德国，如同俄国一般，它早迫不及待地将军舰派至吴淞等地。12月19日，窦纳乐告知总理衙门"如以各种租借权让与他国，英亦将有所要求"。

有了英国、俄国的默许和纵容，德国占领胶州湾已无障碍。在德国的强硬交涉之下，翁同龢、李鸿章无法招架，败下阵来。

图 11　1908 年元旦，福海关关署落成仪式合影。贝尔法斯特女王大学图书馆藏。

12 月 28 日,翁同龢在日记中记道"余始悟俄实与德通,令海前驱耳",这一醒悟显然来得太晚了。

1898 年 3 月 6 日,德国与清廷签订《胶澳租界条约》,胶州湾租借予德国,租期九十九年。翁同龢、李鸿章被安排在条约上签字。这对于身为帝师、自视甚高的翁同龢而言,无异于奇耻大辱,他托词拒绝,但未获允许。

如同翁同龢预料的,德国成了列强瓜分中国的"前驱":俄国强租大连、旅顺,索取东三省权利;英国强租威海卫,并取得长江利权;法国照搬德国手段,强租广州湾;日本威胁福建沿岸不让别国……翁同龢深感"彼合纵谋我,我为鱼肉",心力交瘁、屈辱备尝,谈及国事,常不禁涕下。国内舆论哗然,有识之士痛心疾首。

为免更多沿海港口旁落他国之手,清廷意识到可采用自开商埠一法。1898 年 3 月 24 日,总理衙门奏请开湖南岳州、福建三都澳为通商口岸,翁同龢、李鸿章亦署名,获得光绪帝批准。三都澳即三沙湾的新名,这一命名方式和胶州湾称胶澳如出一辙。同时,翁同龢感到唯有变法才有能挽救清王朝,于是力挺康有为等人,得光绪帝支持,戊戌变法运动开始。1898 年 6 月 15 日,翁同龢被革职,永不叙用。1898 年 9 月 21 日,戊戌变法失败。

1899 年 5 月 8 日,三都澳开埠,福海关开关。虽然开埠的官方理由是"振兴商务,扩充利源",但经过胶州湾事件之后,人们不能不将德国与三都澳开埠相关联。福海关首任主管麦嘉林(C. A. Mcllum)在海关报告中言"政府作出这种让步,可能出于对两个强国意图的疑惧,因为它们的船只几个月来一直在海湾内部进行勘测",两个强国即德国、英国。纵使胶州湾事件尘埃落定，三都澳已成通商口岸，两国仍然虎视眈眈、暗中角力。

三都澳虽不曾为坚船利炮打开大门，但在胶州湾事件中，距离被割让几乎只有一步之遥。这个久为德、英、美、日等国垂涎的港湾，突然被推到了世界面前。列强觊觎的目光未曾消减半分，密布的战云越积越浓。三都岛如同一片孤舟，在海上漂泊浮沉，大清帝国的余晖斜照在她的身上，像一个时代缓缓落下的帷幕……

一位迟遇的知音

冯克力

有位网名叫"羚羊"的读者，近日在微博里发文说：

"上次在书市中国书店，5元购进一本山东画报出版社出版的《老照片》（从其随附的贴图看，为《老照片》第二辑）。这是1997年出版的旧书，也可以说是一本新书。薄薄一本，图文并茂，内容却极其丰富，但又不显得杂乱，这得益于版块安排精当。每一个定格的影像，都是一个时代某个领域或是某个群体的缩影，随便一张就足够现在的我们沉思一个下午。相信这是编辑精挑细选的结果。每一幅照片，每一篇配文，都能令人神往而心惊，视角也总会给你些启发，一帧帧画面，一句句独白，像是电影回放着我们遗失的记忆。没有广告，也没有'水分'或'滥竽充数者'，精致而连贯。……照片有些虽是摆拍，其中人的神态与时代的背景却摆弄不了什么。照片拍摄的都是当下最新的一瞬间，而后人再看时，会说是'老照片'，这称谓也绝不单单因这张照片有了年头儿，而是我们年轻的眼光对这照片加了陈旧与敬畏的滤镜。书却不是这样，只要没有看过的书大概都能称得上是'新书'。里面的思想与见闻毕竟是头一次见，那就如'新朋友'一般可以面对面促膝长谈。"

我不知道这位"羚羊"的性别，也不知道他（她）的年龄，但从其口吻判断像是个年轻人，或是在《老照片》出版后出生成长起来的，也未可知。

看他（她）的评述，觉得既熟悉而又新鲜，并伴有一份莫名的感动。这感动，在二十六年前《老照片》甫一面世即为读者所认同、所接纳的那一刻，曾经有过。所以，这位"迟遇知音"的倾情评述，一字一句，难免让我们思绪万千……

如今，《老照片》与读者一路相伴，风雨兼程，已走进了第二十七个年头。唯愿在今后的日子里，《老照片》永远是每一位迟遇知音"可以促膝长谈"的"新朋友"！